KB242586

진로

의사결정에서 나타나는 **타협과정**

진로

의사결정에서 나타나는 **타협과정**

황매향 著

진로를 결정할 때 가장 중요하게 고려되는 것은 직업의 사회적 지위, 적성과의 일치도, 성역할인데, 이 세 측면 가운데 어느 하나 또는 그 이상을 포기해 나가는 것이 타협의 과정이다.

진로의사결정과정에서 타협은 자아개념과 현실 사이에서 일어난다. 개인이 자신의 진로발달, 선택, 수행에서 자신을 어떻게 바라보는가와 관계되는 진로 자아개념은 바로 타협의 내적 기반이며, 그 발달은 생애초기부터 시작하여 청소년기 전체를 통해 발달한다. 진로 자아개념은 진로의사결정의 중요한 지침 또는 준거의 틀이 되는 것이다.

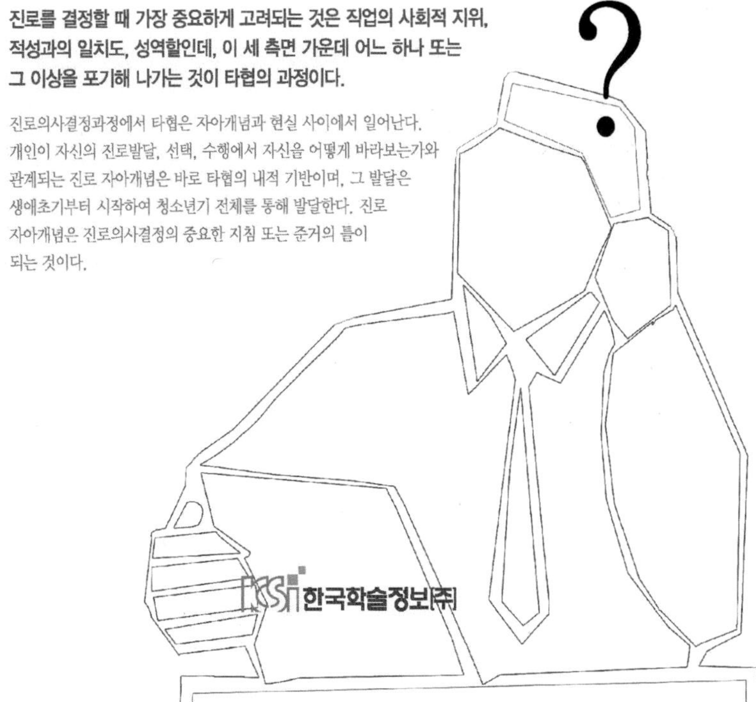

한국학술정보㈜

머리말

진로의사결정에서
나타나는 타협과정

진로의사결정의 과정을 밝히고, 진로의사결정을 조력할 수 있는 효과적인 방법을 발전시켜 나가는 것은 진로상담 영역의 중요한 과제이다. 진로상담에 관한 이론적 논의, 경험적 연구, 상담실제에의 적용 등 여러 측면에서 이러한 노력은 계속되어 왔다. 사람들은 어떤 진로를 결정해야 할 때, 자신에게 가능한 진로대안들 가운데 자신이 원하는 모든 측면을 만족시켜주는 진로대안이 없어 어려움을 겪는 경우가 있다. 현실적으로 가능한 진로대안에 타협하지 않으면 어떠한 결정도 내리지 못하는 경우가 많고, 따라서 타협의 과정은 진로의사결정 과정의 중요한 단계로 인식되어 오고 있다. 서구에서는 이상적인 진로기대를 현실적으로 조직해 나가는 발달단계별 타협과정, 효율적인 타협을 위한 의사결정 전략, 진로대안의 여러 측면들 사이의 갈등과 타협 등 여러 관점에서 타협과정이 연구되어 왔다. 그러나 우리나라에서는 진로미결정, 의사결정 유형, 진로의사결정 촉진 프로그램개발 등 진로의사결정에 관한 연구는 활발히 진행되고 있지만, 진로의사결정에서 나타나는 타협과정에 관한 연구는 최근 조금씩 시작되고 있는 실정이다.

이 책은 타협의 중요성에 대한 관심에서 출발한 필자의 학위논문을 토대로 그 내용을 구성하였다. 2001년 당시 서구에서 가장 활발하게 연구가 진행되고 있었던 진로타협 이론인 Gottfredson의 이론을 기초로 우리나라 대학신입생들이 대학진학 당시 대학 및 학과 선택의 의사결정에서 경험했던 타협과정을 분석하였다. 고등학교를 졸업하고 대학에 진학하는 학생들에게는 대학과 전공에 대한 결정이 자신의 인생에서 중요한 의사결정이다. 우리나라와 같은 입시제도하에서는 성적이나 여러 가지 요인으로 인해 자신이 원하는 대학과 학과에 진학하는 것이 불가능한 경우가 더 많다. 그러므로 많은 학생들은 진학할 대학과 학과를 결정하기 위해 어떤 방식으로든 현실적인 여건과 타협해야만 한다. 즉, 그 어떤 의사결정 단계보다 타협현상을 잘 관찰할 수 있을 것이라고 기대하고 대학진학 의사결정 단계를 분석의 대상으로 선택하였다.

Gottfredson은 구체적인 진로선택을 위해 자신의 진로기대 수준을 포기하는 과정을 타협의 과정이라고 정의하고 있다. 진로를 결정할 때 가장 중요하게 고려되는 것은 직업의 사회적 지위, 적성과의 일치도, 성역할인데, 이 세 측면 가운데 어느 하나 또는 그 이상을 포기해 나가는 것이 타협의 과정이다. 이 연구는 이러한 Goffredson의 타협원리를 대학진학 의사결정에 적용하여, 대학에 지원할 당시 가장 진학하기를 원했던 대학 및 학과와 재학 중인 대학 및 학과의 차이를 타협이라고 정의했다. 이 연구의 가장 중요한 발견은 대학진학이라는 중요한 진로의사결정에서 나타나는 타협과정을 포착하고 그 현상을 기술한 것이었고, 또한 타협과정은 모든 개인에게서 동일하게 일어나거나 의사결정의 특성에 관계없이 일관되기 보다는, 개인에 따라 의사결정 단계에 따라 각기 다르게 나타난다는 점도 밝혔다. 이러한 발견은 진로의사결정에서 나타나는 타협과정에 관한 연구의 필요성을 촉구하고 있다. 더불어 학생들의 타협행동에 대한 분석은, 대학진학에 관한 의사결정 과정이 합리적으로 수행되고 있다는 점, 대학에 지원할 당시 또는 합격한 이후로 타협의 시기를 미루기보다는 보다 일찍 진로기대를 현실화한 학생들이 타협결과에 잘 적응하고 있다는 점, 지나친 타협은 대학진학 이후 진로영역에서의 부적응을 초래할 수 있다는 점 등을 시사하여 진로상담 실제에 중요한 정보를 제공해 주었다. 특히, 학생들의 진로기대가 진로발달 과정을 통해 꾸준히 발달할 때 중요한 의사결정에서의 타협에도 잘 적응할 수 있다는 연구결과는 우리나라 학생들의 진로발달 과정에 대한 보다 심도 깊은 연구를 촉구하였다. 이에 필자는 초등학생, 중학생, 고등학생, 대학생 집단에 걸쳐 우리나라 청소년들의 진로발달 과정을 분석하였으며, 그 내용을 정리하여 이 책에 실었다.

이 책은 2001년 학위논문 준비부터 시작하여 지난 4년간 진행된 진로의사결정의 타협과정과 관련된 필자의 연구들을 개별적으로 정리하여 제시하고 있다. 따라서 독자들은 이 책을 통해 여러 편의 소논문을 한꺼번에 읽어볼 수 있을 것이다. 일반인들보다는 청소년 진로발달에 관심 있는 연구자들이나 실무자들에게 참고가 되어, 우리나라 진로발달 연구의 촉진제역할을 하고, 진로지도 및 교육프로그램 개발의 기초가 되기를 바란다.

이 책에 실린 모든 연구는 다른 연구자들의 도움을 받아 진행되었다. 함께 연구를 진행해 주신 서울대학교 김계현 교수님, 안양대학교 유정이 교수님, 서울여자대학교 김지현 교수님, University of Missouri 의 Mary J. Heppner 교수님, 서울대학교 대학생활문화원 선혜연 상담연구원은 언제나 좋은 동지로 내 옆을 지켜주고 계신다. 일일이 밝히지는 못하지만 모든 연구를 수행하는 데 도움을 주셨던 많은 분들에게도 감사드린다. 공부에 전념할 수 있도록 항상 응원하고 격려해주시는 은사님, 부모님 그리고 남편에게 이 지면을 빌어 고마운 마음을 전하고 싶다. 끝으로 이 책의 출판을 도와주신 한국학술정보(주) 출판사업부에게 감사드린다.

목 차

진로의사결정에서
나타나는 타협과정

제 1 장
타협이론

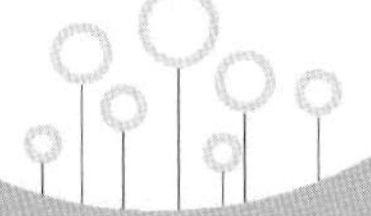

　　의사결정　과정에서　나타나는　타협행동은　Ginzberg,　Ginsburg, Axelrad와 Herma(1951)가 그 개념을 제시한 이후 오랫동안 진로의사결정 과정에서 매우 중요한 단계로 간주되었다. 특히 Gottfredson(1981)이 미국 상담심리학회지(Journal of Counseling Psychology)에 "Circumscription and Compromise: A Developmental Theory of Occupational Aspirations"라는 제목의 모노그래프를 발표한 이후 진로의사결정에서 나타나는 타협과정에 관한 본격적인 연구가 활발히 전개되었다. 사람들이 진로대안을 결정할 때, 이상적인 진로대안과 현실적으로 구현이 가능한 진로대안 사이의 차이 때문에 어떤 방식으로든지 타협하게 된다. 타협의 과정에서는 진로대안의 여러 특성과 측면이 고려되고, 타협과정에 관한 대부분의 이론이나 연구는 사람들이 의사결정 과정에서 진로대안의 여러 측면들에 어떤 방식으로 타협해 가는가, 즉 각 측면들을 어떻게 포기해 가는가에 초점을 두고 있다.

　　진로의사결정에 나타난 타협과정에 관한 선행연구들은 크게 세 가지 측면에서 진행되어왔다. 먼저 발달적 관점에서 타협과정을 연구한 연구자들이 있다. 발달적 관점을 가진 연구자들은 진로자아개념의 발달이 진로의사결정의 타협과정을 이해하는 가장 기초가 된다고 주장한다(예, Gati, 1993; Ginzberg, Ginsburg, Axelrad & Herma, 1951; Gottfredson, 1981, 1996; Super, 1953, 1984). 직업의 여러 가지 측면에 대한 개념들은 발달의 단계를 통해 내면화되고 분화되어 일반적인 자아개념의 한 구성요소인 진로자아개념을 형성하게 된다. 진로자아개념에 대한 논의들은 제한된 측면의 일반적인 발달의 공통성을 밝히는 연구에서 출발하여 보다 다양한 측면을 포함시키면서 개인차에 주목하는 방향으로 발달해왔다.

두 번째로 타협과정의 구체적인 절차에 대해 논의하는 의사결정 모델과 관련된 연구들이 있다. 타협의 절차 또는 전략에 관심을 가진 연구자들은 자신의 진로자아개념 즉 진로대안의 여러 측면에 대한 준거들을 진로대안에 적용하여 최종적인 결정을 하게 되는 서로 다른 절차와 과정들을 제안하고 있다(예, Carson & Mowsesian, 1990; Gati, 1986, 1993; Gati & Tikotzki, 1989; Lichtenberg, Shaffer & Arachtingi, 1993; Pitz & Harren, 1980). 이들 중 대표적인 의사결정 모델로 기대효용 모델(Expected Utility Model), 결합 모델(Conjunctive Model), 순차적 배제 모델(Sequential Elimination Model)의 세 가지를 들 수 있다.

다음으로 타협과정의 가장 중요한 요소인 타협하는 측면(가치)의 우선순위를 검토한 연구들이 있다. 타협의 과정에서 사람들은 어떤 측면은 좀 더 중요하게 생각하고 어떤 측면은 덜 중요하게 고려한다. 그리고 사람들은 의사결정을 해야 할 경우 덜 중요하게 여기는 측면을 포기하는 타협을 한다. 예를 들어 자신이 선택할 직업의 사회적 지위를 덜 중요하게 생각하면 진로대안들 가운데 사회적 지위를 포기하여 선택이 가능한 대안을 결정하는 것이다. 타협과정의 우선순위는 Gottfredson(1981)이 처음으로 제안하였고, Gottfredson의 이론을 검증하기 위한 여러 경험적 연구들이 후속되었다(예, Hesketh & Durant, 1990; Hesketh, Elmslie, & Kaldor, 1990; Holt, 1989; Leung, 1993; Leung & Plake, 1990; Taylor & Pryor, 1985). 그러나 이러한 경험적 연구들의 결과는 서로 상반되고 있다. 어떤 연구들은

Gottfredson의 이론적 가정을 지지하지만 어떤 연구들은 그렇지 못하다. Gottfredson을 포함한 몇몇 연구자들은 이러한 상반된 연구결과들을 설명할 수 있는 새로운 이론적 대안을 제시하고 있다(예, Gati, 1993; Gottfredson, 1996; Leung, 1993; Vandiver & Bowman, 1996).

1 진로자아개념의 발달

가. 진로자아개념 발달의 보편성

진로의사결정 과정에서 타협은 자아개념과 현실 사이에서 일어난다. 개인이 자신의 진로발달, 선택, 수행에서 자신을 어떻게 바라보는가와 관계되는 진로자아개념은 바로 타협의 내적 기반이며, 그 발달은 생애초기부터 시작하여 청소년기 전체를 통해 발달한다(Vandiver & Bowman, 1996). 진로자아개념은 진로의사결정의 중요한 지침 또는 준거의 틀이 되는 것이다. Ginzberg, Ginsburg, Axelrad와 Herma(1951)는 직업의 선택은 발달의 과정이며 이러한 발달과정은 환상적(Fantasy), 잠정적(Tentative), 현실적(Realistic) 직업선택 단계로 구성된다고 주장하였다. 환상적 직업선택 단계에 있는 아동은 '어른이 되면 무엇이 되고 싶은가'로 미래의 직업을 표현한다. 이 시기의 아동은 자신이 원하기만 하면 무엇이든 될 수 있다고 생각할 뿐 자신의 능력이나 현실적인 장벽들에 대해 인식하지 못하고 있다. 잠정적 직업선택 단계에 있는 청소년들은 자신의 진로미래를 결정하는 어려움이 무엇인지 알아가기 시작한다. 이 시기에는 자기 자신의 흥미, 능력, 가치와 같은 주관적인 요인들이 중요하게 고려되지만 여전히 현실적인 요인들은 충분히 고려되지 않는다. 일반적으로 17세 정도에 시작되는 현실적인 직업선택 단계는 현실성 있는 고려를 한다는 것이 가장 큰 특징이다. 이 시기의 청소년들은 자신이 원하는 것과 현실적으로 가능한 기회 사이에서 타협하지 않으면 안 된다는 것을 깨닫게 되는 것이다. Ginzberg, Ginsburg, Axelrad와 Hermas의 이론에서는 두 번째 단계인 잠정적 직업선택 단계에서 직업 자아개념의 발달이 가장 활발하게 이루어진다고 보고 있다.

타협과정 이론을 최초로 정립한 Gottfredson(1981, 1996)은 진로자아개념 발달과 타협과정의 관계를 보다 구체적으로 설명하고 있다. 그에 따르면 진로기대(진로자아개념)의 발달은 여러 가능한 직업에 대한 탐색, 제외, 선택의 과정과 관련된다. 이 발달단계를 통해 누구나 보다 분명한 자아와 일 사이의 관계에 대한 규준과 함께 직업에 대한 선호도가 분화된다.

발달단계를 거치면서 모든 사람들은 직업에 대한 공통적인 이미지를 갖게 된다. Gottfredson(1981, 1996)은 이것을 직업에 관한 인지지도(the cognitive map of occupations)라고 명명하였다. 이 인지지도는 남성성 / 여성성, 직업의 지위수준, 일의 영역의 세 가지 차원으로 구성된다. 어떤 사람은 어떤 특정직업에 대해서 보다 상세한 이미지를 가지고 있지만, 대부분의 사람들은 이 세 가지 차원에서의 공통점이나 차이점으로 직업을 인식하게 된다는 것이다. Gottfredson은 직업의 성역할과 지위수준의 두 차원에 있어서의 일반적인 인지지도를 [그림 1]로 나타내고 있다. 이 인지지도에서 직업의 지위수준은 일의 지적 복잡성의 정도를 반영하고 있어서(Gottfredson, 1986), 직업의 지위차원은 능력의 차원과도 같다(Gottfredson, 1996, p.184).

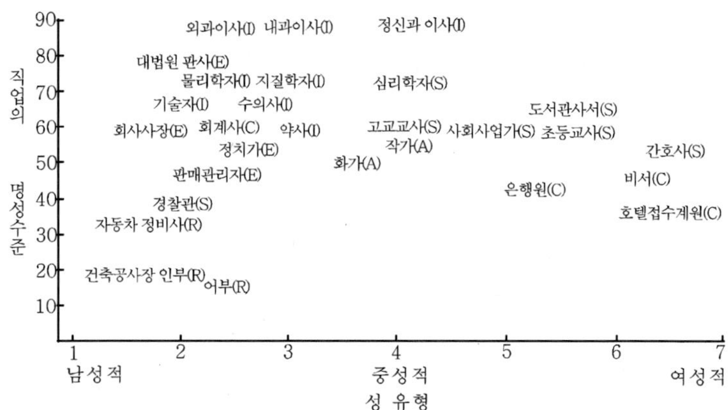

[그림 1] 직업에 관한 인지지도(Gottfredson, 1996, p.185)

또한 서로 다른 일의 영역에 속하는 직업들은 이 지도에서 서로 다른 무리로 분포한다. 이를 Gottfredson은 [그림 2]에서 보는 바와 같이 Holland의 일의 영역(R: 실재적, I: 탐구적, A: 예술적, S: 사회적, E: 기업적, C: 관습적)으로 분류하였다. 이 인지지도는 생애 초반기인 아동기에는 잘 형성되어 있지 않지만, 앞에서 살펴본 발달 4단계의 청소년이 되면 성인과 동일한 직업에 대한 인지지도를 갖게 된다.

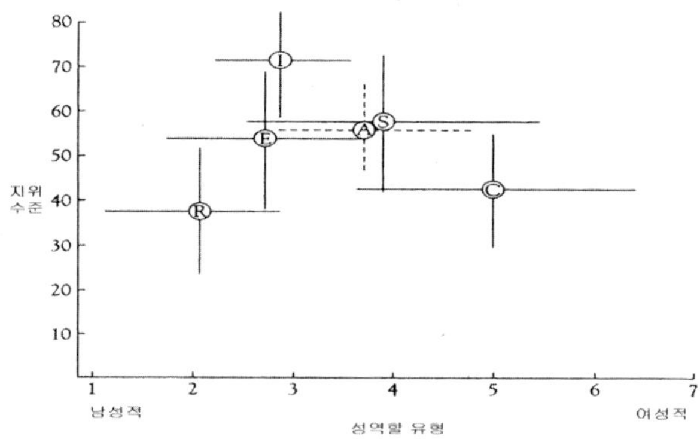

[그림 2] 직업영역에 따른 인지지도(Gottfredson, 1996, p.186)

이 지도에 따르면 탐색적(I) 직업영역에 속하는 직업들은 보다 지위가 높고 남성적인 직업으로 간주된다는 것, 관습적(C) 직업영역에 속하는 직업들은 보다 지위가 낮고 여성적인 직업으로 간주된다는 것 등을 알 수 있다. 이와 같은 인지지도의 일반화 가능성은 Lapan과 Jingeleski(1992)에 의해 실증적으로 입증이 되기도 하였다. 그들은 미국 8학년 학생들에게 200개의 직업을 지위별, 성역할별로 9점 Likert 척도로 그 정도를 표시하게 하고, 그 응답내용을 기초로 [그림 2]와 같은 인지지도를 그려본 결과 동일한 결과를 얻었다. Lapan과 Jingeleski의 연구는 Gottfredson의 직업에 대한 인지지도의 일반화 가능성을 새로운 대상 집단에서 입증해 보인 것이다.

Gottfredson(1981, 1996, 2003)이 제안한 진로자아개념 발달의 첫 단계는 3~5세의 시기이며 서열획득 단계(*orientation to size and power*)로 명명된다. 학령기 직전의 시기는 아동이 대상 항상성 개념을 습득하기 시작하는 시기이다. 이 시기의 아동들은 키가 큰 사람과 키가 작은 사람, 힘이 센 사람과 힘이 약한 사람 등 외형적인 특징으로 인간의 특성을 이해한다. 동시에 직업을 성인의 역할과 동일한 것으로 인식하면서 동물이나 동화 속 주인공이 되고 싶다는 말을 더 이상 하지 않게 된다. 이 단계를 거치면서 아동은 어른들의 세상이 존재하고 있고, 그 어른들의 세계에서는 직업을 갖는 것이 중요하다는 것을 알게 된다. 즉, 이 단계에서 아동은 어른이 된다는 개념을 이해하게 된다.

다음 단계는 6~8세의 시기로 성역할획득 단계(*orientation to sex role*)로 명명되고, 이 시기를 통해 직업에 대한 성역할 고정관념이 확고해진다. 이 시기 아동의 인지적 특성은 사물이나 사태를 이분법적으로 지각하고, 모든 것을 좋은 것과 나쁜 것으로 분류하는 것이다. 동시에 성역할에 대해 이해하기 시작하는데 겉으로 드러나는 활동이나 옷차림 등의 눈에 보이는 단서에 초점을 두고 있다. 이 단계에서의 직업적 포부도 각자의 성별에 적합한 일이라는 아동의 생각을 반영한다. 성역할획득 단계를 거치면서 직업은 성역할로서 적합한 직업과 적합하지 않은 직업으로 인식되고, 자신의 성에 적합하지 않은 직업을 자신이 원하는 직업목록에서 제외시키게 된다(그림 3). 예를 들면 남아들은 간호사라는 직업이 여성에게 알맞은 직업이라고 인식하게 되고, 자신이 앞으로 갖고 싶은 직업목록에서 간호사라는 직업을 제외시킨다.

세 번째 단계에 해당하는 9~13세 시기는 사회적 가치획득 단계(*orientation to social valuation*)로 사회적 계층과 능력과 같은 보다 추상적인 자아개념이 사회적 행동과 기대의 중요한 결정요인이 된다. 세 번째 단계인 9~13세 시기는 사회적 가치획득 단계(*orientation to social valuation*)이다. 이 시기에는 또래를 비롯한 타인의 사회적 평가에 민감해지고, 사회적 계층과 능력과 같은 보다 추상적인 자아개념이 사회적 행동과 기대의 중요한 결정요인이 된다. 9세(초등학교 4학년)가 되면 낮은 사회적 지위를 갖는 직업에 대해 보다 엄격한 기준을 적용하면서 사회적 지위가 낮은 직업들을 선호 직업목록에서 제외시킨다. 사회적 가치획득 단계를 거치면서 아동이 사회적 계층에 관한 자아개념을 갖게 되면, 낮은 사회적 지위의 직업들을 제외시키는 것이다. 또한 이 시기의 아동들은 자신의 능력을 고려해 볼 때 극도의 노력을 기울이지 않으면 얻기 힘든 직업들도 역시 제외시키기 시작한다. 즉, [그림 3]에서 보는 바와 같이 자신이 앞으로 가질 직업에 대해 사회적 지위의 상한선과 하한선을 설정할 수 있게 되어 보다 현실적인 직업적 포부를 형성하게 된다.

14세 경이 되면 직업포부 발달의 마지막 단계인 내적 자아확립 단계(*orientation of the internal, unique self*)에 이르고 자아정체감 혼

란을 경험하는 시기가 된다. 사회 속에서의 자신의 위치를 어느 정도 당연한 것으로 받아들이면서 청소년들은 자신이 한 개인으로서 누구인가에 관심을 갖게 된다. 보다 내면세계의 목적을 추구하고 성격과 같은 내적 특성에 근거한 자아개념을 확립하면서 남들과는 차별화되는 자신의 독특성에 관심을 갖는다. 이전 발달단계를 통해 사회적으로 자신에게 허용되는 직업대안의 영역을 확립한 청소년들은 이 발달의 마지막 단계에서 자신의 흥미, 능력, 가치 등의 내적이고 고유한 자신의 특성들을 보다 중요한 규준으로 삼아 자신의 직업선택의 범위를 축소시키게 된다. 앞의 세 단계가 수용하기 힘든 직업대안들을 제외시켜 나가는 과정인 데 비해 이 마지막 단계는 어떤 선택이 가장 선호되고 수용되는 것인지 구체화하는 과정이다. 고등학교를 졸업하는 시기가 되면 학생들은 실제 상황에서 어떤 직업을 갖거나 대학에 진학하기 위한 진로선택을 해야 한다. 따라서 이 시기가 되면 어떤 진로대안들이 현재 자신의 상황에서 가능한지에 대해 더욱 민감해진다. 지금까지의 발달과정을 통해 진로선택의 폭을 축소해 왔지만 여전히 자신이 꿈꾸어 온 진로를 실현하는 데에는 여러 장벽이 있을 수 있다. 즉, 자신의 진로기대 수준을 포기하는 타협의 과정이 구체적인 진로선택을 위해 요구된다.

즉, Gottfredson이 제안한 진로자아개념은 각 발달단계를 거치면서 3단계까지는 자신이 추구할 만한 진로대안의 영역을 성역할과 사회적 지위 면에서 축소시켜 나가고, 4단계에 이르러 자신의 흥미, 능력, 가치 등 자신의 내적 특성을 중심으로 진로대안을 축소시켜 나가는 진로대안의 제한(circumscription)과정이다. 이러한 제한과정에 관한 경험적 연구로는 Helwig(2001)의 연구가 대표적이라고 할 수 있다. Helwig는 1987년 초등학교 2학년인 학생들을 표집하여 10년간 종단적으로 자료를 수집하였다. 이 종단적 자료를 가지고 Gottfredson의 포부발달에 대한 일련의 가정들을 검증하는 연구를 하였다. 약 100~200명가량 되는 학생들을 개별 인터뷰하여 아동이 보고한 각 직업에 6개 숫자로 된 DOT(Dictionary of Occupational Titles) 코드와 SVP(Specific Vocational Preparation) 지표를 부여하여 직업의 사회적 가치를 평가하고, 직업에서 남성 혹은 여성이 차지하는 비율을 중심으로 남성 직업, 여성 직업, 중성 직업으로 분류하여 이론을 검증하였다. 결과적으로 Gottfredson의 포부발달 단계에서 2, 3단계에 해당되는, 13~14세 이전까지는 학생의 성별과는 무관하게 포부에 있어 사회적 가치가 증가하여 Gottfredson의 이론을 지지하였고, 또한 14세 이후부터 사회적 가치보다는 내적 직업흥미와 더 부합하는 직업포부가 확인되면서(Gottfredson의 포부발달 단계에서 내적 직업흥미를 중시하기 시작하는 4단계가) 지지되었다.

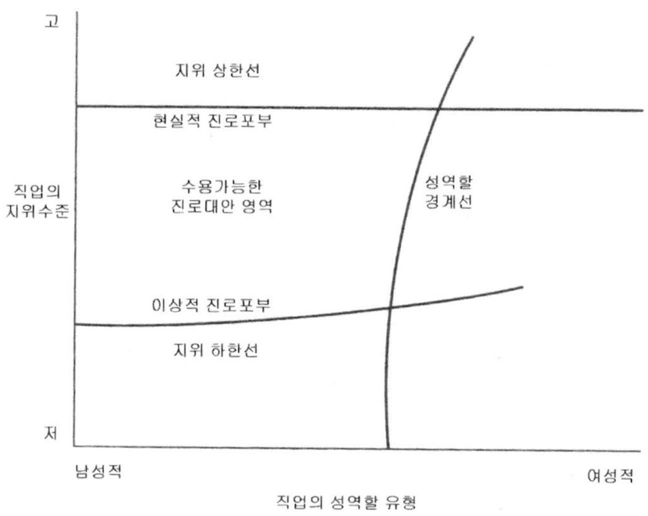

[그림 3] 직업포부의 제한과정 (Gottfredson, 1996, p.185)

나. 진로자아개념 발달의 개인차

한편, 진로자아개념 발달의 보편성보다는 개인과 환경의 상호작용 과정과 발달의 개인차에 주목하고 있는 이론들도 있다. 먼저 Super(1953)는 자아개념의 발달의 보편성을 제안한 Ginzberg, Ginsburg, Axelrad와 Hermas(1951)의 이론을 비판하면서 다음 10가지 명제를 그 대안으로 제시하고 있다. ① 개인의 능력, 흥미, 성격은 사람에 따라 서로 다르다; ② 이러한 개개인의 특성에 따라 사람들은 여러 직업에 각각 적합한 자질을 갖게 된다. ③ 각 직업들에 적합한 능력, 흥미, 성격적 특질에는 어떤 패턴이 존재하고 있어서 한 사람에게 어느 정도 다양한 직업이 가능하고, 한 직업 내에도 다양한 개인이 존재할 수 있는 것이다; ④ 자아개념이란 일반적으로 안정적인 특성으로 청소년 후기가 되면 잘 변화하지 않지만, 직업에 대한 선호도나 능력은 자신이 일하고 살아가고 있는 상황 속에서 시간과 경험을 통해 변화하고 선택과 적응의 계속적인 과정을 거쳐나간다; ⑤ 이 과정은 성장, 탐색, 성취, 유지, 퇴보라는 인생의 각 단계의 연속선상에서 진행되고 이러한 단계들은 (a)탐색기의 환상적, 시험적, 현실적 단계, (b)성취기의 시도와 안정의 단계로 구분된다. ⑥ 습득된 직업의 수준과 안정적 직업의 연계, 빈도, 기간을 나타내는 진로패턴은 부모의 사회경제적 지위, 지적 능력, 성격적 특성과 그 동안 경험했던 직업세계에 대한 정보에 의해 결정된다. ⑦ 생애 각 단계에서의 발달은 능력과 흥미의 성숙과정을 통해 촉진될 수 있고 현실검증과 자아개념 발달에서 얼마나 도움을 받는가에 의해서도 영향을 받는다; ⑧ 진로발달의 과정은 자아개념의 발달과 그 적용의 과정과도 같다: 자아개념은 타고난 적성, 신경 및 내분비 체제, 다양한 역할을 경험할 수 있는 놀이의 기회, 동료나 지도자에 의한 역할 놀이에 대한 평가정도 사이의 상호작용의 결과물이고 이것은 일종의 타협과정이다; ⑨ 개인과 사회적 요인, 즉 자아개념과 현실 사이의 타협의 과정은 일종의 역할을 수행하는 것이고, 이 역할은 환상기에서 행해지기도 하고 상담 면접에서 이루어지기도 하고 학급, 클럽활동, 임시직, 정규직업 등 현실생활에서 수행되기도 한다. ⑩ 일에 대한 만족도와 생애에 대한 만족은 개인이 그의 능력, 흥미, 성격, 가치관을 외현화할 수 있는 적절한 통로를 찾는 정도에 달려있다.

뿐만 아니라 어떤 형태의 일에서의 성취, 일의 상태, 자신의 성장과 탐색적 경험이 적절하게 여겨지는 역할을 수행하는 생활방식에 의해서도 만족도는 결정된다(pp.189~190). 이와 같은 Super(1953)의 주장은 진로자아개념의 발달만이 아니라 전반적인 진로발달 과정 전체를 설명하면서 자아개념의 발달에 영향을 미치는 환경의 중요성을 잘 기술하고 있다. Super(1984)는 진로선택의 발달적 특성은 최초의 직업선택에만 초점을 둔 정체적인 개념화보다는 발달과정을 통해 나타나는 일련의 선호성과 지속적으로 이루어지고 있는 선택의 연속적 근접화 과정에서 찾아야 함을 강조하고 있다. 그리고 그는 자아개념 이론은 진로의사결정에서 심리적 사회심리학적 관점의 가족만이 아니라 사회적, 경제적, 정치적 결정인자들을 고려하지 못했음을 지적하였다.

Gati(1993)도 진로의사결정에서 중요하게 생각하는 측면이나 가치의 개인차에 주목하고 있다. Gottfredson(1981)이 진로자아개념은 발달과정을 통해 성역할, 흥미, 지위의 세 측면(요소)으로 구축된다고 제안한 반면, Gati는 대부분의 진로의사결정은 이 세 가지 측면에만 의존하는 것이 아니라는 점과 개인들 사이에서 나타나는 개인차가 더욱 의미 있는 변인이 된다고 주장한다. 따라서 진로상담의 제1단계에서는 내담자가 가장 중요하게 생각하는 직업 또는 진로의 측면이 무엇인지 명료화하는 작업을 해야 한다는 것을 강조한다. Gati는 진로의사결정에서 사람들은 어떤 직업을 갖기 위해서 필요한 교육 및 훈련기간, 작업의 물리적 환경(실내 / 실외), 출장빈도, 업무시간(정규적 / 비정규적), 작업시간의 융통성, 경제적 안정성, 승진의 기회, 권위의 수준, 수입, 사회적 지위, 다양성, 책임성, 독립성의 정도 등의 13가지 가치를 중요하게 고려한다고 제안하고, 이 13가지 가치 목록을 사용하여 진로의사결정 과정에 관한 경험적 연구를 실시하였다(예, Gati, Osipow & Givon, 1995; Gati, Shenhav, & Givon, 1993).

　지금까지 검토해 본 바와 같이 진로자아개념의 발달에 관한 기존연구의 흐름에는 Gottfredson(1981, 1996)과 같이 발달의 공통적 과정을 밝히려는 노력과 Super(1984)나 Gati(1993)와 같이 발달과정의 개인차를 밝히려는 노력이 동시에 나타나고 있다. 각 연구자들은 진로자아개념이라는 동일한 구인을 서로 다른 관점에서 바라보고 있는 것이다. 따라서 진로의사결정에서 나타나는 타협과정을 잘 이해하기 위해서는 타협의 준거가 되는 진로자아개념의 발달에 대한 이 두 가지 관점을 모두 중요하게 고려해야 할 것이다. 다음은 이러한 진로자아개념을 의사결정에 적용하는 여러 전략들에 대해 검토해 보고자 한다.

2 의사결정 모형

　Krumboltz와 Hamel(1977)은 진로의사결정의 7단계를 제시하고 각 단계의 머리 자를 따서 "DECIDES"라고 명명하였다: 1) 문제를 정의

한다(Define the problem); 2) 계획을 수립한다(Establish an action plan); 3) 가치를 명료화한다(Clarify value); 4) 대안을 모색한다(Identify alternatives); 5) 결과를 예측해 본다(Discover probable outcomes); 6) 대안을 체계적으로 배제해 나간다(Eliminate alternatives systematically); 7) 행동을 시작한다(Start action). 타협은 여섯 번째 단계인 대안의 배제 단계에서 일어날 것이다. 따라서 타협을 잘 이해하기 위해 이 여섯 번째 단계에서 일어나는 대안의 배제에 관한 이론과 연구들을 알아볼 필요가 있다.

지금까지 이 분야의 연구에서는 기대효용 모델(Expected Utility Model, EUM), 결합 모델(Conjunctive Model, CM), 순차적 배제 모델(Sequential Elimination Model, SEM)의 세 가지 의사결정 모델에 관한 연구가 가장 활발하게 이루어졌다. 기대효용 모델이란 상보적 의사결정 모형의 일종이다. 가능한 진로대안들이 자신이 고려하는 모든 측면에서 어느 정도의 효용(utility), 즉 만족감을 주는가를 비교해서 그 중 가장 높은 효용을 갖는 진로대안을 선택하는 것이다.

반면 비상보적 의사결정 모형에 속하는 결합 모델에서는 의사결정자가 모든 직업의 측면에 대해 최소한 자신을 만족시킬 수 있는 효용의 최소 선을 먼저 정한다. 이 효용의 최소 선이라는 준거를 진로대안 각각에 적용하여 모든 측면의 효용 최소 선을 만족시키는 진로대안을 선택한다. 또 다른 비상보적 의사결정 모델인 순차적 배제 모델에서는 직업의 모든 측면이 아니라 중요한 몇 가지 측면에 근거하여 진로대안들을 포기하거나 제외시킨다. 의사결정자들은 먼저 자신에게 중요한 측면이 무엇인지 정하고 가장 중요한 측면부터 고려 대상이 되고 있는 진로대안에 적용하고 이를 충족시키지 못하는 진로대안을 제외시킨다. 다음으로 두 번째로 중요한 측면을 나머지 진로대안에 적용하여 다시 만족시키지 못하는 대안을 제외시킨다. 이런 방식으로 자신에게 중요한 측면을 만족시키지 못하는 진로대안들을 체계적으로 배제시켜 나가는 모델이다.

가. 기대효용 모델

많은 진로의사결정 이론들은 경제학, 수학, 정치학 등의 학문영역에서 연구된 의사결정 이론에서 발달하였다. 예를 들면 Gelatt(1962)는 Bross(1953)의 의사결정 이론을 진로의사결정에 적용하였다. Bross에 따르면, 의사결정의 과정은 가능한 대안들, 가능한 결과, 확률 등을 측정하는 예측체계, 결과와 관련된 효용을 가늠하는 가치체계, 가능한 대안을 선택하고 통합하는 의사결정 준거체계로 구성된다. Gelatt는 이러한 의사결정 과정의 요소를 포함시키는 진로의사결정 모델을 고안하여 그 단계를 다음과 같이 제시하였다: 가능한 대안들을 알아본다, 가능한 많은 정보를 수집한다, 가치관 검사를 실시하여 평가한다, 최고의 만족도를 가진 대안을 선택한다. 이러한 Gelatt의 모델이 진로의사결정 영역의 연구에서 기대효용 모델로서 처음으로 소개된 모델이다. 이후 자신의 의사결정 모델을 더 발전시켜 새로운 기대효용 모델을 제시하였다 (Gelatt, 1989).

Kaldor와 Zytowski(1969)는 경제학 분야의 의사결정 모델을 근간으로 직업선택 과정의 기대효용 모델을 제안하였다. Kaldor와 Zytowski는 개인의 직업만족도 함수(선호도체계), 개인의 자원이나 가용한 자료, 기대되는 결과(만족도의 차이)의 세 요소를 진로선택의 결정인자로 보고 있다. Kaldor와 Zytowski의 모델에서 의사결정자는 자신의 의사결정 자원을 보호해주는 진로대안의 수를 제한할 수 있고, 그 다음 자신의 가치관을 각 대안의 예상되는 결과에 적용시켜 예측해 본다. 동시에 개인이 무엇을 더 해야 하는지 그 대가가 어느 정도인지 고려하여 각 대안에 대한 최종적인 만족도를 구한다. 즉 선택된 진로 대안은 득과 실을 모두 고려한 최종적인 만족도 값이 최대인 진로대안이 된다.

Pitz와 Harren(1980)은 기대효용 모델을 기대효용 최대화 준거를 적용하여 최적의 의사결정을 제안하고 있는 처방적 이론으로 분류하고 있다. Pitz와 Harren은 기대효용 모델의 특징을 다음과 같이 기술하고 있다: 기대효용 모델에서는 사람들이 최대 효용을 주는 대안을 선택해야 한다는 지침을 제공하고 있다(처방적 특징); 의사결정 과정은 매우 복잡한 현상이지만 효용을 계산하는 단계는 수학적이다; 진로의사결정 과정에서 기대(가능성)와 값(효용)을 결합시키는 어떤 규칙이 존재하고 있다(p.323).

Mitchell과 Beach(1976) 그리고 Wright(1984)는 주관적 기대효용 모델을 제시하면서 의사결정자들이 바람직한 결과를 얻을 수 있는 가능성의 극대화가 의사결정의 목표라고 기술하고 있다. 이를 위해 진로결정의 영역에서 주관적인 가치와 가능성이 별도로 고려되어야 하고, 여러 가지 서로 다른 진로의 측면들의 중요성에 대한 주관적인 평가에 따라 가중치를 매기도록 하는 것이다. 즉 모든 고려되는 직업이나 진로의 특성이 동일한 중요성으로 다루어지던 기존의 모델을 그 상대적인 중요성을 고려하여 보다 개인적인 만족도를 높여준다는 것이다.

또한 기대효용 모델의 한계점에 대한 논의도 있다. Pitz와 Harren(1980)은 모든 중요한 관련 정보들을 일관성 있고 적절하게 통합하는 데에 어려움을 겪는 사람들이 있다고 주장하였다. 즉, 기대효용 모델은 정보를 통합하는 유용한 방법이지만 의사결정자가 문제의 구조를 정의하고 그 요소들을 파악해야 하는 과제를 가지고 있다는 중요한 한계

점이 있다는 것이다. 기대효용 모델을 현실에 적용함에 있어서 나타
나는 제한점을 다른 연구자들도 주장하였다(예, Payne, 1976; Simon,
1957, 1979; Svenson, 1979). 그리고 그들은 새로운 진로의사결정 모
델인 결합 모델을 제안하였고, 이제 그 내용을 살펴보고자 한다.

나. 결합 모델

기대효용 모델에 따라 의사결정을 할 경우 인지적인 활동이 비현
실적이라고 할 만큼 과다하다고 본 몇몇 연구자들은 정보처리 과정
의 부담감을 조금 더 줄일 수 있는 선택모델을 제시하였다(Gati &
Tikotzki, 1989). 그 중 하나가 Simon(1957)의 만족의 원리이다. 만족
할 만한 대안이 발견될 때까지 대안들을 하나씩 탐색하고, 어떤 대
안이 자신이 생각하고 있는 모든 직업의 측면들을 각각 최소한 만족
할 수준 정도만 만족시키면 그 대안을 선택하는 것이다. 결합 모델
과 기대효용 모델과의 차이는 진로대안에 대한 탐색의 깊이이고, 결
합 모델에서는 어떤 진로대안이 어느 한 가지 측면의 최소 수준 만
족도를 만족시키지 못하면 더 이상 탐색하지 않고 배제시킨다.

의사결정 과정은 상보적 모델과 비상보적 모델로 분류할 수 있고
(Zakay & Barak, 1984), 결합 모델은 비상보적 모델에 속한다. 의사결
정의 상보적 과정이란 대안의 전체적인 효용이란 그 대안이 특성이 갖는
효용의 가산적 합을 뜻하는 합성 모델이다(Wilkie & Pessemier, 1973).
기대효용 모델, Janis와 Mann(1977)의 대차대조표 절차, Cochran(1983)의
진로지도(career grid), Zakay와 Barak(1984)의 의미화에 의한 의사결
정 등이 상보적 의사결정 모델에 속한다. 한편 비상보적 과정은 선형
적인 과정이 아니라 의사결정의 각 단계마다 대안들이 가진 특성 중

가장 중요한 고려사항이 선택되어지고 그 선택은 곧 그 선택된 특성을 갖지 못하는 대안을 제외시키는 것을 의미하여 한 가지 대안이 남을 때까지 반복하는 과정이다. Einhorn(1970)는 비상보적 의사결정 전략은 인지적으로 보다 단순한 과정을 거치기 때문에 어떤 상황에 있는 의사결정자라도 이 전략을 선호하게 된다는 결론을 내리고 있다.

Restle(1961)은 개인이 현 상황과 이상적인 상황을 비교하는 비상보적 절차를 소개하고 있다. 각 이상적인 상황들은 그 자체와 관련하여 어떤 특정한 반응을 일으킨다. 선택된 최종의 반응은 현실상황과 가장 유사한 이상적인 상황이 될 것이라는 것이다. Mitchell(1975)은 Restle의 모델을 검증하는 단계를 다음과 같이 제안하고 있다: 1) 검토될 진로대안을 결정한다. 2) 진로대안의 어떤 특성이 연구 참여자들에게 중요한지 확인한다. 3) 연구 참여자들에게 앞에서 기술한 중요한 특성들을 가지고 있는 진로대안이 무엇인지 질문한다. 4) 그들이 개인적으로 각 특성들이 바람직하다고 생각하는지 바람직하지 않다고 생각하는지 표시하게 한다. 5) 각 특성들이 자신들에게 얼마나 중요한지 정도를 응답하게 한다(pp.327-328).

즉, 결합 모델에서는 진로대안의 어떤 특성이 각자에게 더 중요한지를 결정해 나가는 과정을 통해 의사결정에 필요한 시간과 노력을 기대효용 모델에서보다 줄여갈 수 있을 것이다.

다. 순차적 배제 모델

비상보적 의사결정 모델의 다른 하나는 배제 모델(Elimination by Aspects: EBA)로 Tversky(1972)가 처음으로 제안하였다. Gati(1986)는 Tversty의 배제 모델을 순차적 배제 모델(Sequential Elimination

Mode, SEM)로 발전시켰다. 이 모델에서는 각 직업의 대안을 어떤 특성의 종합체로 본다. 특성이란 높은 사회적 지위 또는 융통성 있는 근무시간 등의 어떤 측면의 질적 또는 양적 수준을 말하고, 대학 졸업 이상의 학력이 필요하거나 또는 필요 없는 것처럼 수준이나 양이 아니라 이분법적인 특성도 있다. 어떤 배제의 단계에서든 상대적으로 가장 중요한 특성(측면)이 선택된다. 중요한 측면을 선택하고 나면 그 특성을 기준으로 진로대안을 제외시키는 단계로 넘어간다. 이러한 측면선택과 대안배제의 과정은 한 가지 대안이 남을 때까지 계속한다. 어떤 측면의 특성이란 사회적 지위처럼 그 특성을 가져야 하는 것도 되고, 교대근무와 같이 그 특성이 없어야 하는 것도 된다. 만족할 수준이나 그 수준의 방향성은 개인이 정하는 것이다. 즉, 바람직한 특성과 바람직하지 못한 특성은 진로의사결정의 중요성을 반영해 준다면 어떤 방식으로든 결합될 수 있다(Tversky, 1972).

순차적 배제 모델의 가장 핵심적인 요소는 직업의 여러 측면들을 파악하고 그들의 상대적 중요성을 결정하는 것이며, 여기에서 직업의 측면이란 신체적 장애나 능력과 같은 객관적인 제약조건, 직업과 관련된 가치, 일의 영역 등 모든 것을 포함한다(Pryor, 1979). Gati(1986)는 진로의사결정을 할 때 고려하는 직업의 여러 측면과 그 상대적 중요성은 개인에 따라 다르다는 점을 강조하였고, 각자에게 중요한 측면과 그 측면의 상대적 중요성을 파악하는 방법을 제안하였다. Gati는 진로의사결정에 고려되는 측면을 확인하는 세 가지 방법을 다음과 같이 기술하고 있다: (a) 진로의사결정자에게 직업을 선택하는 데 있어서 가장 도움이 되는 정보가 무엇인지 질문하거나 진로선택 시뮬레이션에서 어떤 것이 중요한지 말해 보게 한다; (b) 진로의사결정자에게 자신의 가장 이상적인 진로대안이 무엇인지 상상해 보게 하고 그 직업의 구직가능성, 직업의 동향 등 그 특성을 기술하게 한다. (c) 진로의사결정자에게 자신이 알고 있는 직업대안들의 구조를 자신의 인식을 바탕으로 분석하게 한다(p.409).

지금까지 정리해 본 세 가지 의사결정 모델에서 공통적으로 포함되는 내용은 바로 진로선택을 할 때 각 진로대안의 어떤 측면들을 고려할 것인가를 알고 있어야 한다는 점이다. 그리고 의사결정자는 그 측면들의 상대적인 중요성도 결정해야 한다. 따라서 후속된 타협과정에 관한 연구들은 진로의사결정에서 고려되어지는 직업의 여러 측면을 정의하고 그 상대적 중요성을 밝히는 데 초점을 두었다.

③ 타협측면의 우선순위

가. 타협과정의 원리

Gottfredson(1981, 1996, 2003)은 진로의사결정에서의 타협과정 이론을 정립하면서 타협과정의 기본원리를 제시하였고, 타협과정에 관심을 가진 많은 후속연구자들은 그 원리를 검증하는 경험적 연구에 주력하였다. Gofffredson이 제시한 세 가지 타협과정에 관한 원리는 다음과 같다: 첫째, 자아개념의 어떤 측면은 다른 측면에 비해서 보다 중요하고 따라서 진로목표를 타협해 나가는 과정에서 이 측면은 우선권을 갖는다; 둘째, 진로탐색의 과정은 반드시 최상의 대안 선택에서 종료되는 것은 아니며 만족할 만한 선택에서 종료된다; 셋째,

진로선택 이후에는 진로선택을 위해 자신이 취한 타협에 심리적으로 적응해야 한다. 이 세 가지 원리에 대한 이해를 통해 진로의사결정에서의 타협과정을 보다 명확히 알 수 있을 것이다.

첫 번째 원리인 타협과정에서의 우선순위에 대해 Gottfredson은 성역할이 가장 중요한 자아개념의 측면이라고 주장하고 있다. 그 다음으로 중요한 측면은 개인의 사회적인 위치(직업의 사회적 지위)이며, 개인의 성격과 흥미는 직업을 선택할 때 가장 쉽게 타협하는 측면이다. 따라서 자신이 기대하는 사회적 지위의 직업을 선택하기 위해 자신의 흥미영역에 있는 직업을 포기하게 되고, 자신의 성역할에 맞지 않는 직업은 자신의 흥미영역에 있거나 사회적 지위가 적절함에도 불구하고 포기한다는 것이다. Gottfredson은 이 타협의 제1원리를 기존의 경험적 연구에 바탕을 두고 제안하고 있다. Scott, Fenske와 Maxey(1974)의 연구는 성역할의 중요성을 입증하고 있다. 초급 대학의 학생들을 대상으로 한 그들의 연구에서 60%의 남학생들이 실용적(홀랜드의 흥미코드 R) 직업을 원하는 반면 여학생의 경우 21%만이 실용적인 일을 원하였다. 사회적(홀랜드 흥미코드 S) 직업에 대해서는 남학생의 23%, 여학생의 63%가 선호도를 보여주었다. 또한 이러한 선호도는 18개월 이후의 추후연구에서도 변함없이 유지되고 있었다. Harmon(1971)의 연구와 Astin과 Panos(1969)의 연구 역시 여대생들은 전형적인 여성 직업에 선호도를 보이고 남학생들은 보다 남성적인 직업에 선호도를 보이고 있음을 밝혔다.

Holland(1962)의 National Merit Finalists 연구도 직업의 성역할, 직업의 사회적 지위(수준), 그 직업을 가질 수 있는 가능성이 모두 자신의 흥미영역의 직업을 선택하는 데 크게 영향을 미친다고 보고하였다. Gottfredson은 다음과 같이 이 연구의 결과를 요약하고 있다: "성격유형(흥미영역)과 진로기대 사이의 관계는 다른 요인의 영향으로 그 일관성이 낮아질 수 있다. 예를 들면, 남자에게 심미적 직업(A 코드 직업)과 같이 성공가능성이 적은 직업, 관습적 직업(C 코드 직업)과 같이 남성 여성 모두에게 낮은 지위를 의미하는 직업, 또는 여성에게 실용적인 직업(R 코드 직업)과 같이 성역할이 맞지 않는 직업은 자신의 흥미영역과 맞는 직업이어도 사람들은 선호하지 않는다. 반면, 남성에게 탐구적 직업(I 코드 직업)이나 여성에게 사회적 직업(S 코드 직업)처럼 사회적 지위도 높고 성역할도 일치하는 직업은 자신의 흥미영역과 맞지 않는 직업이어도 선호하게 된다"(pp.572-574). 즉, 사회적 지위나 성역할의 적합성 때문에 자신의 흥미를 포기하게 된다는 것이다.

Cooley와 Lohne(1968)의 연구결과 또한 흥미가 직업의 지위보다 쉽게 희생될 수 있음을 지지하고 있다. 직업을 대학졸업 이상의 학력을 요구하는 기술과학, 대학졸업 이상의 학력을 요구하는 사회문화, 대학수준의 학력이 요구되지 않는 기술과학, 대학수준의 학력이 요구되지 않는 사회문화의 네 가지로 분류할 때 모든 연구대상들은 동일한 흥미영역 내에서의 상하 움직임보다 동일한 사회적 지위의 직업군 내에서의 횡적인 이동을 하고 있었다. 직업이나 진로를 변경함에 있어 사회적 지위보다는 흥미영역을 변화시키고 있다는 것은 사회적 지위의 유지를 위해 흥미영역을 포기하는 우선순위를 보여주고 있다.

두 번째 원리인 만족스러운 선택을 위한 진로탐색에서 Gottfredson은 진로선택의 우연적 또는 기회적 이론을 비판하고 있다. 일부의 연구자들은 특정한 직업의 획득은 계획보다는 기회의 함수이고 청소년들은 자신의 진로를 추구함에 있어 보다 수동적이라고 주장하고 있다. 그러나 이들의 주장은 진로선택에서의 운이라는 요인의 작용이 지나치게 강조된 입장이라고 Gottfredson은 지적하였다. 사람들은 자신이 꿈꾸던 최상의 직업을 선택하는 것은 아니지만, 수동적으로 운에 의해 결정된 어떤 직업을 선택하는 것이 아니라 각자의 수준에서 이 정도면 괜찮은 직업이라고 생각되는 어떤 직업을 선택하는 것이라고 주장하고 있다.

세 번째 원리인 타협에 대한 심리적 적응에서 Gottfredson은 진로의사결정 이후 적응과정의 중요성을 강조하고 있다. 특히 타협에 대한 심리적인 적응은 선택한 진로에서의 만족도와 깊이 관련된다고 한다. Gottfredson과 Becker(1981)는 보다 적응적인 직업인들은 자신이 선택한 직업의 영역에 맞게 자신의 진로기대를 변화시킨다고 밝혔다. 또한 Gottfredson(1980)의 연구에서 연구대상(남자)의 84%가 젊었을 때는 보다 많은 사람들이 탐구적인 일을 선호했고, 기업적인 직업을 선호하는 사람이 적었지만 현재는 자신의 원하는 영역에서 일을 하고 있다고 응답하였다. 그리고 기존의 연구결과에 의하면 자신의 흥미영역과 동일한 직업을 선택한 사람들의 직업만족도는 그렇지 않은 사람들의 직업만족도와 근소한 차이밖에 보이지 않았다(예, Worthington & Dolliver, 1977; Zytowski, 1974). Gottfredson(1981)은 흥미라는 것이 진로의사결정에 크게 중요한 요인이 아니기 때문에 이러한 결과는 오히려 당연한 것이라고 보고 있다. 최근 Gottfredson(1996)은 "개인은 일의 영역에 대해서는 많은 타협을 했다 해도 심리적으로 잘 적응할 수 있지만, 사회적인 위치를 위협하는 사회적 지위에 대한 타협이나 성적 정체감의 실현을 어렵게 하는 성역할의 포기에 대해서는 더욱 적응하기 어려워한다"(pp.201-202)고 말하면서 타협에 대한 적응의 준비도는 타협의 측면에 따라 달라질 수 있다고 주장하였다.

나. 타협과정에 관한 실증적 연구

Gottfredson(1981)의 이론이 소개된 이후 이 이론에서 도출된 여러 원리들을 검증하기 위한 경험적 연구들이 활성화되었다. 많은 연구들은 타협과정의 핵심이라 할 수 있는 우선순위에 초점을 두었고, 본고에서도 이러한 경험적 연구들의 중요한 발견들을 검토해 보고자 한다.

먼저 Gottfredson(1981)의 타협의 원리를 지지하는 연구를 살펴보고자 한다. Taylor와 Pryor(1985)는 타협과정에 영향을 미치는 사회적 지위, 성역할, 흥미의 세 가지 측면의 상대적 역할을 연구하였다. 고교졸업을 앞두고 있거나 동일한 수준의 교육을 받고 있는 학생들을 대상으로 기초적인 특성자료와 대학진학에 관한 대학 및 학과 선택에 대한 계획을 조사하였다. 학생들의 제일선택과 타협계획을 학과 및 직업내용, 홀랜드 흥미코드, 지위수준, 성역할에 따라 분류하였다. 35%의 학생들이 자신의 흥미영역과 동일한 학과를 선택하였고, 전반적으로 탐구적 학과(I 코드)를 선호하는 일반적인 경향성을 보여주었다. 홀랜드 코드 가운데 사회적 지위가 가장 높은 탐구적(I) 코드에 대한 일반적 선호 경향은 사회적 지위가 흥미와 학과선택의 관계를 매개하고 있음을 시사한다. 또한 Taylor와 Pryor는 자신의 흥미코드와 일관되지 않은 학과를 선택하는 학생들은 높은 사회적 지위의 학과를 선택하는 경향이 있다는 결과를 보여주고 있다. 즉, 이 연구를 통해 사람들은 일반적으로 사회적 지위를 위해 흥미영역을 포기한다는 것을 알 수 있으며, 이는 Gottfredson(1981)이 제안한 우선순위와 일관된 결과이다.

Holt(1989)는 사회복지학 전공 대학생과 공학 전공 대학생들의 진로의사결정에서의 타협과정을 연구하였다. Holt는 흥미, 사회적 지위,

성역할의 세 가지 변인을 모두 포함하지는 않았고 지위와 흥미변인에 초점을 두었다. 연구대상에 포함된 공학 전공 대학생들은 홀랜드 실용적(R) 유형을 대표하고 있고, 사회복지학 전공 대학생들은 홀랜드 사회적(S) 유형을 대표하고 있다. 연구대상들은 동일한 흥미영역의 낮은 지위 직업과 동일한 지위의 다른 흥미영역 직업 가운데 하나를 선택했다(연구 1). 또한 높은 지위의 사회적 직업, 낮은 지위의 사회적 직업, 높은 지위의 실용적 직업, 낮은 지위의 실용적 직업 등으로 구성된 20가지 서로 다른 직업에 대해 자신의 선호도 순위도 정하였다(연구 2). Holt는 Gottfredson의 이론을 근거로 동일한 흥미영역의 직업보다는 동일한 사회적 지위의 직업이 선택될 것이라고 가정하였다. 연구대상들을 두 가지 응답(연구 1, 연구 2)에서 모두 높은 사회적 지위의 직업을 선택하였다. 높은 지위의 직업이 자신의 흥미영역과 일치되는 직업보다 선호되었다. 즉, Holt의 연구도 흥미가 사회적 지위보다 쉽게 포기된다는 Gottfredson이 제안한 타협과정의 우선순위를 지지하고 있다.

한편, Gottfredson(1981)의 타협모델과는 상반된 결과를 가지고 대안적 모델을 제시하고 있는 경험적 연구들도 적지 않다. Hesketh와 Durant(1990)의 연구는 그 대표적인 예라고 할 수 있다. 이 연구에서는 Gottfredson의 모델을 근거로 다음과 같은 가설이 설정되었다: 1) 타협을 할 필요가 없는 상황에서는 성역할이 사회적 지위보다 더 많은 변량을 설명할 것이고, 사회적 지위는 흥미보다 더 많은 변량을 설명할 것이다; 2) 타협이 필요한 상황에서도 성역할이 사회적 지위보다 더 많은 변량을 설명할 것이고, 사회적 지위는 흥미보다 더 많은 변량을 설명할 것이다; 3) 세 가지 요인의 상대적 중요성은 타협이 필요한 상황에서 더욱 두드러질 것이다. 연구대상은 신문광고를 통해 모집된 15~42세의 남녀로 구성되었고, 이들은 27가지 가상적인 직업(3가지 수준의 성역할, 3가지 수준의 사회적 지위, 3가지 수준의 흥미영역으로 조합된)으로 구성된 직업선택 컴퓨터 프로그램에 응답하였다. 타협이 필요 없는 상황은 쉽게 구할 수 있는 직업으로 정의되었고, 타협이 필요한 상황은 얻기 힘든 직업으로 정의되었다. 이 연구에서는 타협이 필요한 상황과 필요 없는 상황 모두에서 Gottfredson의 이론이 지지받지 못하였다. 연구결과 성역할은 사회적 지위보다 중요하지 않았고, 사회적 지위는 흥미영역보다 중요하지 않았다. 또한 흥미영역의 중요성은 타협이 필요한 상황에서 더 증가하였으며 성역할의 중요성은 타협의 상황에서 더 감소하였다. 즉, Hesketh와 Durant의 연구결과는 Gottfredson의 이론에 근거한 연구가설들을 모두 기각하였다.

Hesketh, Elmslie와 Kaldor(1990)의 연구에서도 흥미가 어떤 측면보다도 타협과정에 중요하게 작용한다는 것이 밝혀졌다. 또한 사회적 지위도 성역할보다 중요한 요인으로 밝혀져 Hesketh와 Durant(1990)의 연구결과와 일관된 우선순위를 제안하고 있다. Hesketh, Elmslie와 Kaldor의 연구는 직업을 구하는 데 어려움을 겪고 있는 집단과 고등학교 2학년 학생 집단의 서로 다른 두 집단에 대해 실행되었다. 이 연구에서 사용된 측정도구는 연구자들이 개발한 진로의사결정 컴퓨터 프로그램(Fuzzy Rating and Fuzzy Paired Comparison), 성역할·사회적 지위·흥미영역에 대한 중요성 자각 질문지, 스트롱 흥미검사(Strong Campbell Interest Inventory) 등이다. 직업을 구하는 데 어려움을 겪고 있는 집단은 진로의사결정 컴퓨터 프로그램에서의 응답과 성역할·사회적 지위·흥미영역에 대한 중요성 자각에 대한 자기보고에서 모두 흥미를 가장 중요하게 고려하고 있었고, 성역할보다는 사회적 지위를 더 중요하게 고려하였다. 고등학교 2학년 학생 집단에서도 동일한 연구결과를 얻어, 타협과정에서의 중요도는 '성역할〉사회적 지위〉흥미영역'이 아니라 '흥미영역〉사회적 지위〉성역할'의 순위임을 제안하고 있다.

Leung과 Plake(1990)의 연구는 타협과정의 우선순위에 대한 또 다른 대안을 제시하였다. Leung과 Plake는 성역할과 사회적 지위의 상대적 중요성에 초점을 두고 있다. 타협과정에서의 흥미영역의 측면은 이 연구에서는 다루지 않고 있다. 대학생들을 대상으로 연구자들이 개발한 직업선택 딜레마 검사(Occupational Choice Dilemma Inventory, OCDI)와 일반특성 조사 질문지를 실시하였다. 직업선택 딜레마 검사는 여러 직업들을 사회적 지위 지수(SEI)와 성역할 지수(MDI)로 코딩하여 응답자들이 선택한 직업을 사회적 지위와 성역할로 해석할 수 있게 만든 질문지이다. 높은 사회적 지위 지수의 직업은 사회적 지위가 높은 직업을 의미하고, 높은 성역할 지수의 직업은 보다 남성적인 직업을 의미한다. 이 연구에서 남학생들이 선택한 직업은 남학생들이 선택하지 않은 직업에 비해 사회적 지위 지수가 높고 성역할 지수가 낮았다. 남성적인 직업보다는 사회적 지위가 높은 직업을 선호한다는 것을 보여준다. 여학생들이 선택한 직업은 여학생들이 선택하지 않은 직업에 비해 사회적 지위 지수와 성역할 지수가 모두 높았다. 여학생들 역시 여성적인 직업보다는 사회적 지위가 높은 직업을 선호한다는 것을 보여준다. 즉, 남녀 대학생 모두 사회적 지위를 보다 선호하는 요인으로 지각하고 있음이 이 연구를 통해 밝혀진 것으로 성역할이 타협과정에서 보다 중요한 요인이 된다는 Gottfredson (1981)의 원리와는 상반되는 결과이다.

다. 타협과정에 대한 새로운 설명

타협과정에 관한 선행연구들을 검토하면서 Gottfredson(1981)이 제안한 타협과정에서의 우선순위(성역할 〉사회적 지위 〉흥미영역)는 경험적 연구를 통해 지지받고 있는 반면, Gottfredson의 이론과는 상반되는 연구결과를 보여주는 경험적 연구들도 있음을 알 수 있었다. 이와 같은 상반된 연구결과들은 진로의사결정에서의 타협과정을 보다 다면적으로 이해해야 할 필요성을 시사하고 있다. 첫 번째 고려해 볼 수 있는 것은 타협과정에 나타나는 남성과 여성의 차이일 것이다. 예를 들어 Taylor와 Pryor(1985)는 그들의 연구결과가 Gottfredson의 타협의 원리를 지지한다고 보고하면서, 타협과정에서 나타나는 남성과 여성의 차이도 제안하고 있다. 남자들은 여자들에 비해 보다 사회적 지위에 민감하고, 여자들은 남자들에 비해 성역할에 덜 민감하다고 밝히고, 흥미영역, 사회적 지위, 성역할의 상대적 영향력이 남성과 여성에서 다르게 나타난다고 보고하였다. 그리고 여학생들은 남학생들에 비해 지위가 낮더라도 보다 자신의 흥미와 일치하는 학과를 선택하고 남성과 여성이 모두 할 수 있는 직업에 대한 선호도가 높은 반면, 남학생들은 높은 사회적 지위의 학과를 선택하기 위해 자신의 흥미영역이 아닌 학과를 선택하고, 보다 남성에게 적절한 직업을 선호한다고 논의하고 있다. Leung(1988)의 연구에서도 타협과정에서의 남녀 차이가 나타났다. Leung은 남자들이 여자들에 비해 사회적 지위가 높은 직업을 더 중요하게 생각한다고 보고하고 있고, 이는 Taylor와 Pryor의 연구결과와 일관된 결과이다.

타협과정에 관한 Holt(1989)의 연구는 흥미영역이 타협과정을 매개하고 있다는 점을 시사하고 있다. 사회복지학 전공 대학생과 공학 전공 대학생의 직업 선호도를 연구한 Holt는 타협과정에 관한 경험적 연구의 검토에서 살펴보았듯이 일반적으로 학생들이 흥미영역에 맞는 직업보다는 사회적 지위가 높은 직업을 선호하는 것으로 밝혀져 Gottfredson(1981)의 타협의 원리를 지지하고 있다. 보다 세밀한 분석에 의하면 공학 전공 대학생들이 사회복지학과 전공 학생들에 비해 사회적 지위를 더 중요하게 고려하고 있었고, 사회복지학과 전공 학생들은 자신의 흥미영역을 보다 중요하게 고려하고 있었다. 개인의 흥미영역에 따라 타협과정에서 보다 중요하게 고려되는 측면이 달라질 수 있다는 것을 이 연구의 결과가 보여주고 있다.

Leung(1993)은 또한 문화적 차이가 타협과정에 영향을 미칠 수 있다고 주장하고 있다. Leung은 아시아계 미국인을 대상으로 타협과정에서의 성역할과 사회적 지위의 상대적 중요성을 연구하였다. 자신이 개발한 직업선택 딜레마 검사(Occupational Choice Dilemma Inventory, OCDI)를 아시아계 미국인 대학생들에게 실시하였다. 직업선택 딜레마 검사의 각 문항에서 학생들은 성역할과 사회적 지위의 수준이 서로 다르게 체계적으로 조합된 두 직업 중 하나를 선택하고, 이를 통해 타협과정에서의 성역할과 사회적 지위의 상대적 중요도가 측정된다. 이 연구에서 아시아계 미국인 대학생들은 사회적 지위를 유지하기 위해 성역할에 타협하는 경향성을 보여주었다. Leung은 이 연구의 결과와 최근의 다른 연구의 결과들(Leong, 1991; Leung, Ivey, & Suzuky, 1994)은 사회적 지위가 아시아계 미국인들의 진로행동에 영향을 미치는 매우 중요한 변인임을 밝히고 있다. 아시아계 미국인 학생들은 진로의사결정에서 자신의 흥미나 적성과 같은 다른 요인들을 무시하면서 사회적 지위를 특히 중요하게 고려하고 있다는 것이다.

Gottfredson(1996)은 기존의 경험적 연구들이 자신의 타협의 원리를 충분히 지지하지 못하고 있음을 반영하여, 타협과정에 관한 새로운 원리인 조건적 타협 우선순위의 원리를 제안하였다. 조건적 타협

우선순위의 원리는 다음과 같이 정의되고 있다:

"성역할, 사회적 지위, 흥미영역이 갖는 진로의사결정 타협과정에서의 상대적 중요성은 요구되는 타협의 심각도에 따라 달라진다;

① 개인이 자신이 이상적으로 생각하고 있는 직업의 성역할, 사회적 지위, 흥미영역과 차이가 적은 직업을 선택할 수 있을 때, 흥미영역에 가장 큰 우선순위를 두고 진로를 선택하게 되고 흥미영역에 일치된 진로가 사회적 지위와 성역할도 충족시켜주게 된다.
② 직업의 성역할, 사회적 지위, 흥미영역에 있어 중간 정도의 포기를 해야 할 때, 누구나 사회적 지위에 타협하는 것을 꺼린다. 반면 성역할이 아주 수용하기 어려운 정도가 아니라면 크게 고려하지 않는다.
③ 많은 타협을 요구하는 진로선택을 해야 하는 상황에서 사람들은 사회적 지위나 성역할의 범위를 축소하기보다는 자신의 흥미영역에 있는 진로부터 포기한다. 또한 다음으로, 낮은 사회적 지위의 직업을 선택하는 것도 쉬운 일은 아니지만, 완전히 반대의 성역할을 요구하는 직업을 선택하기보다는 사회적 지위를 포기하게 된다.
④ 흥미영역은 언제나 중간 정도로 고려된다. 따라서 사회적 지위나 성역할이 어느 정도 수용될 수준이 되지 않으면 흥미영역은 포기되고, 사회적 지위나 성역할에 적합한 직업이 선택된다"(pp.198-200).

Gottfredson의 위와 같은 가정은 그대로 받아들이기는 어려울 것이다. 후속된 경험적 연구를 통해 검증할 필요가 있다. 즉, 다시 한번 Gottfredson이 타협과정에 관한 새로운 연구의 방향을 제시해 주고 있다고 할 수 있다.

Vandiver와 Bowman(1996)도 타협과정에 대해 새로운 설명을 시도하고 있다. 그들은 타협의 우순 순위가 각 개인의 고유한 인지적 쉐마에 따라 달라진다고 보고 있다(Vandiver와 Bowman이 인지적 쉐마라고 표현하고 있는 심리적 구인은 진로영역에서 보다 보편적인 개념인 직업가치관과 유사한 개념으로 이해할 수 있다). 흥미에 대한 인지적 쉐마가 확고한 개인의 경우 흥미영역에 타협하기 보다는 흥미영역에 맞는 진로선택을 위해 사회적 지위나 성역할에 타협하게 된다. 반면 어떤 사람들은 보다 많은 돈과 지위를 성취하기 위해 자신의 흥미영역을 포기하기로 결심할 것이다. 그들은 그들의 일이나 진로보다는 경제적인 보상에 보다 인지적으로 밀착되어 있기 때문이다. 또 어떤 사람들은 세 가지 영역에 모두 인지적 쉐마가 확고하여 흥미영역, 성역할, 사회적 지위 어디에도 타협하기 힘들어할 수도 있다. 이들은 타협하기보다는 오로지 한 가지 진로만을 추구하고 다른 진로에 대해서는 전혀 고려하지 않을 것이다. 또한 세 가지 영역 어디에도 인지적인 쉐마를 형성하지 않은 사람도 있을 수 있다. 이들은 자신의 흥미영역에 대한 확신도 없고 성역할이나 사회적 지위에 대한 중요성도 인식하지 못하고, 세 가지 중요한 요인이 아닌 여러 요인들의 영향을 받으면서 여러 종류의 진로를 전전하며 방황하게 된다. Vandiver와 Bowman은 각 개인이 발달과정을 통해 형성시킨 진로자아개념의 보편성보다는 고유성을 강조하고 있다. Gottfredson(1981)이 제안한 일반적인 타협의 우선순위보다는 각 개인마다 서로 다른 우선순위를 갖게 된다는 개인 간 차이점에 주목할 것을 제안하고 있다.

진로의사결정의 타협과정에 관한 선행연구는 진로자아개념의 발달, 의사결정 모델, 타협측면의 우선순위의 세 가지 영역으로 발달해 왔음을 살펴보았다. 타협과정의 내적인 기준이 되는 진로자아개념의 발달에 관한 연구들은 의사결정 과정을 즉각적인 선택으로 보기보다는 발달의 과정으로 이해한다는 점을 강조한다. 이러한 진로자아개념 연구는 보편적인 발달과정에 관한 연구와 발달과정에서 나타나는 개인 간 차이에 초점을 둔 연구로 발전하였다. 이와 병행하여, 의사결정 모델은 타협의 과정을 보다 세밀하게 분석하고 있다. 기대효용 모델, 결합 모델, 순차적 배제 모델로 발전해 온 의사결정 모델의 내용은 바로 진로자아개념을 의사결정 과정에 어떤 방식으로 적용하는가를 기술하고 있다. 각 의사결정 모델의 내용을 분석해 본 결과, 의사결정에서 고려되는 여러 측면들의 상대적 중요성에 대한 이해가 어떤 의사결정 전략을 사용하든지 필요하다는 것을 알 수 있었다. 후속된 타협측면의 우선순위에 대한 이론과 논의들은 타협이론의 당연한 귀착점이라고 할 수 있다. Goffredson(1981)의 타협이론에서 촉진되기 시작한 타협측면의 우선순위에 관한 연구는 우선순위의 일반적이고 보편적인 특성에 대한 공방을 이어졌다. 그리고 현재는 우선순위의 보편성보다는 타협 우선순위에서 나타나는 개인별 차이에 주목하고 있다. 이에 이 연구는 대학 및 학과 선택에서 나타나는 타협의 과정을 각 타협측면들의 상대적 우선순위라는 틀로 조망해 보고자 한다. 즉, 타협의 어떤 측면이 모든 사람에게서 가장 중요하게 고려되기보다는 사람들마다 중요하게 생각하는 측면이 다르다는 관점이다.

이를 대학 및 학과 선택의 과정에 적용해 보면, 어떤 학생은 대학의 사회적인 지위를 가장 중요하게 생각하지만, 학과의 인기도나 자신의 적성은 덜 중요하게 여길 수 있다. 또 다른 학생은 대학의 지위보다는 학과의 인기도나 자신의 적성을 더 중요하게 생각할 수 있다. 이 두 학생이 자신들이 진학하고자 했던 대학과 학과에 진학하지 못하게 될 때, 즉 타협을 해야 할 상황에 처한다면, 첫 번째 학생은 학과를 바꾸더라도 학교는 바꾸지 않을 것이고, 두 번째 학생은 학교를 바꾸고 학과를 바꾸지 않는 방식으로 타협할 것이다. 이러한 서로 다른 타협과정을 이 연구를 통해 밝힌다면, 타협이론의 현재 동향에 발맞추어 소중한 경험적 자료를 제공하여 새로운 타협이론 구축에 일조를 할 것으로 기대한다.

제 2 장
청소년 진로인식 및 포부의 발달

1 초등학생의 진로인식과 포부발달[1]

이 연구는 Gottfredson(1981, 1996, 2003)이 제안한 직업인지 지도를 한국의 초등학교 고학년 학생들을 대상으로 하여 검증하고자 하였다. 초등학교 고학년은 9~12세의 연령으로서 Gottfredson의 발달이론에 따르면, 진로발달 과정에서 진로선택의 외적 기준이 되는 직업의 성별유형에 대한 인식과 직업의 사회적 지위에 대한 개념발달이 마무리로 향하는 단계에 있다고 할 수 있다. Gottfredson은 직업의 성별유형이 보다 앞서 형성되고 지위유형이 뒤이어 발달하는 것으로 보았다. 따라서 초등학교 고학년의 아동들은 직업의 성역할에 대해서는 뚜렷한 개념을 보일 것으로 예상하였고, 직업의 지위에 대해서는 발달에 따른 개인차를 보일 가능성도 열어두었다. 이 연구에서 탐구하고자 한 연구문제는 다음과 같았다.

1. 초등학교 고학년 학생은 직업의 성별유형에 대해 남녀에 상관

---

1) 유정이·김지현·황매향 (2002). 초등학생 직업희망 및 인식의 발달에 관한 연구. 한국진로교육학회지 제15권 제2호 pp.1-17

없이 공통된 개념을 형성할 것이다.

2. 초등학교 고학년 학생은 직업의 지위수준에 대해 남녀에 상관 없이 공통된 개념을 형성할 것이다.

3. Gottfredson의 연구에서 밝혀진 직업인지 지도는 한국의 초등학 교 고학년 학생들에게도 일치하게 나타날 것이다.

   1) 실제적 유형의 직업은 낮은 지위-남성적 유형으로 나타날 것이다.

   2) 탐구적 유형의 직업은 높은 지위-중성적 유형으로 나타날 것이다.

   3) 기업적 유형의 직업은 중간 지위-중성적 유형으로 나타날 것이다.

   4) 사회적 유형의 직업은 낮은 지위-여성적 유형으로 나타날 것이다.

   5) 관습적 유형의 직업은 낮은 지위-여성적 유형으로 나타날 것이다.

   6) 예술적 유형의 직업은 중간 지위-중성적 유형으로 나타날 것이다.

4. 초등학교 고학년 학생은 직업에 대한 희망 수준에서 남녀 간 차이를 보이지 않을 것이다.

가. 연구방법

1) 연구대상

이 연구는 인천시내 2개 초등학교 6개 학급에 재학 중인 초등학생 193명을 대상으로 수행되었다. 검사는 각 학급의 담임선생님에 의해 실시되었다. 검사지를 수거한 후, 무응답문항이 있는 1명의 검사결과를 제외하고 최종적으로 192명(남 72명, 여 120명)의 검사결과를 연구분석에 포함하였다. 응답자의 평균 연령은 남, 여학생 모두 12세 (남 SD =5.8, 여 SD =.6)였다.

2) 연구도구

직업에 대한 초등학생의 희망 수준, 지위판단, 남성여성 직업판단을 위하여 71개의 직업을 선택하여 제시하였다. 노동부의 직업심리검사 중 직업에 대한 흥미를 측정하기 위해 제시된 71가지의 직업목록을 사용하였다. 이 직업목록이 초등학교 5, 6학년 학생들에게 적합한지를 알기 위해 30명의 초등학교 5, 6학년에게 직업목록을 제시하고 각각의 직업에 대해 잘 알지 못하는 것을 골라내도록 하였다. 그 결과 직업목록과 부가된 설명을 이해하지 못하는 학생이 발견되지 않았기 때문에 이 직업목록을 연구에서 사용하였다. 구체적인 질문지의 내용은 다음과 같다.

직업희망 질문지

직업희망 질문지는 71개의 제시된 직업에 대해 "장래에 내가 이 직업을 가지고 싶다고 생각하는 정도"를 '전혀 가지고 싶지 않다', '가지고 싶지 않은 편이다', '그저 그렇다', '가지고 싶은 편이다', '매우 가지고 싶다'의 5점 척도로 표시하게 하였다.

직업지위 질문지

직업지위 질문지는 제시된 71개의 직업에 대해 "사람들이 이 직업을 가진 사람을 존경하는 정도"를 판단하여 '전혀 존경하지 않는다', '존경하지 않는 편이다', '그저 그렇다', '존경하는 편이다', '매우 존경한다'의 5점 척도로 표시하게 하였다.

남성여성 직업질문지

남성여성 직업질문지는 제시된 71개의 직업에 대해 "이 직업이 전통적으로 남자·여자들의 직업이라고 생각하는 정도"를 판단하여 '-매우 남성적이다', '남성적인 편이다', '그저 그렇다', '여성적인 편이다', '매우 여성적이다'의 5점 척도로 표시하게 하였다.

3) 분석방법

학생들이 이미 잘 알고 있는 직업 71개에 대해서 성별유형과 지위수준을 5점 척도로 평가하도록 하였다. 각 직업군의 남녀 학생들의 평균점을 X(성별유형) * Y(지위수준)의 그래프 상에 표시하였다. 그리고 그 분포가 Gottfredson의 직업인지 지도와 일치하는지를 평가하였다. 남녀 학생 각각에 대해서 직업의 군집이 일치하는지를 평가하였다. 각각의 가설에 대한 분석방법은 다음과 같다.

① 남녀별 직업에 대한 지위점수 간 상관계수를 산출하였다.
② 남녀별 직업에 대한 남성여성적 직업점수 간 상관계수를 산출하였다.
③ 각 직업별 남학생과 여학생 각각의 평균 점수를 X(성별유형) * Y(지위수준)의 그래프 상에 표시한 후 일치도를 확인하였다.
④ 남녀별 직업에 대한 희망 수준의 평균 점수를 비교하였다.

나. 연구결과

1) 직업의 성유형과 사회적 지위에 대한 공통된 개념

초등학교 5, 6학년 학생들이 직업의 성별유형과 지위수준에 대해 남녀에 상관없이 공통된 개념을 형성하고 있는지 알아보기 위해, 먼저 선정된 71개 직업에 대해 각각 남녀별로 그 성별유형 점수와 지위수준 점수의 평균을 구한 후(표 1), 남녀 집단 간 상관관계를 알아보았다(표 2). 그 결과 이 연구에서 선정된 직업의 성별유형과 지위수준에 대해 표집된 초등학교 5, 6학년 남녀 학생 집단 간 상관이 각각 .96과 .90으로 나타났다. Lapan과 Jingeleski(1992)가 미국의 중학교 2학년 학생들을 대상으로 한 연구에서 Holland (1973)의 6개 직업유형을 대표하는 것으로 선정된 32개 직업에 대한 성별유형의 남녀 간 상관이 .96, 지위수준의 남녀 간 상관이 .91 이라고 보고하였는데, 비록 이 연구와 Lapan과 Jingeleski(1992)의 연구는 표집대상 연령과 선정된 직업에서 차이가 있으나 그 결과는 서로 유사하다. 한편 <표 3>은 이 연구에서 초등학교 남녀 학생별로 가장 남성적 혹은 가장 여성적으로 응답한 직업 5개씩을 보여주고 있고, <표 4>는 남녀 학생별로 지위수준이 가장 높은 것으로 응답한 직업 5개씩을 보여주고 있다. 이 역시 초등학교 남녀 학생 집단 사이의 차이가 크지 않다는 것을 보여주고 있다. 즉, 초등학교 고학년의 경우, 남녀에 관계없이 각 직업에 대한 공통된 개념을 가지고 있음을 확인할 수 있었다.

〈표 1〉 직업별 지위수준 점수와 성별유형

직업명	Holland type	지위 (남)	성별 (남)	지위 (여)	성별 (여)	지위 (전체)	성별 (전체)
1 시사 프로그램 PD	E	2.34	2.25	2.89	2.54	2.68	2.43
2 의학자	I	3.08	2.19	3.93	2.50	3.61	2.39
3 우체국직원	C	2.69	1.90	3.15	2.09	2.98	2.02
4 사회복지사	S	3.06	3.10	3.79	3.33	3.52	3.25
5 특용작물재배자	R	2.58	2.24	3.08	2.53	2.89	2.41
6 호텔경영자	E	2.45	2.45	2.72	2.52	2.61	2.50
7 화가	A	3.17	2.83	3.29	2.70	3.25	2.75
8 지질학자	I	2.86	2.04	3.33	2.37	3.16	2.25
9 보험설계사	E	2.06	2.96	2.26	3.48	2.19	3.29
10 상담가	S	2.68	3.17	2.95	3.42	2.85	3.33
11 과수 재배자	R	2.88	2.15	3.15	2.49	3.05	2.36
12 경호원	R	2.99	2.14	3.44	2.10	3.27	2.12
13 합창단 지휘자	A	2.75	2.63	2.92	2.64	2.85	2.63
14 응급구조원	R	3.58	2.04	4.18	2.43	3.96	2.28
15 학원강사	S	3.24	3.53	3.35	3.37	3.31	3.43
16 자동차정비사	R	2.30	1.63	2.71	1.83	2.55	1.75
17 중등학교 교사	S	3.54	3.37	3.61	3.35	3.58	3.36
18 오케스트라단원	A	2.75	3.06	2.85	3.29	2.81	3.20
19 자동차영업사원	E	2.10	2.03	2.27	2.40	2.20	2.27
20 의상디자이너	A	3.33	3.72	3.50	3.85	3.44	3.81
21 낙농업자	R	2.56	2.27	3.14	2.26	2.93	2.26
22 도서관사서	C	2.57	3.04	2.91	3.49	2.78	3.32
23 고위공무원	C	2.77	2.31	3.24	2.45	3.06	2.40
24 경찰관	E	4.07	1.91	4.53	2.03	4.36	1.99
25 보모	S	3.11	3.76	3.66	4.05	3.45	3.95
26 형사	E	3.96	1.89	4.45	2.01	4.26	1.96
27 캐릭터 디자이너	A	3.24	3.76	3.36	3.77	3.32	3.76
28 화학자	I	2.96	2.19	3.43	2.36	3.24	2.30
29 시인	A	3.10	2.88	2.89	2.85	2.96	2.85

직업명	Holland type	지위 (남)	성별 (남)	지위 (여)	성별 (여)	지위 (전체)	성별 (전체)
30 소방관	R	4.10	1.57	4.63	1.76	4.43	1.68
31 간병인	S	3.33	3.22	4.02	3.59	3.76	3.45
32 속기사	C	2.70	2.72	3.05	2.87	2.92	2.81
33 축산업자	R	2.39	2.00	2.66	2.17	2.55	2.10
34 회사경영자	E	2.67	2.29	3.17	2.38	2.97	2.35
35 곡물 및 채소 재배자	R	2.87	2.24	3.03	2.55	2.97	2.43
36 물리학자	I	2.97	2.32	3.65	2.48	3.39	2.42
37 해외특파원	E	2.87	2.65	3.30	2.77	3.14	2.72
38 대표이사	E	2.73	2.42	3.14	2.32	2.98	2.35
39 경리사무원	C	2.31	2.39	2.59	2.63	2.48	2.54
40 화초 재배자	R	2.58	2.51	2.78	2.77	2.70	2.68
41 만화가	A	2.97	3.03	3.08	3.35	3.05	3.24
42 소설가	A	2.94	3.07	3.09	3.03	3.04	3.05
43 컴퓨터 조립원	I	2.81	1.89	3.28	2.01	3.10	1.96
44 진로상담 교사	S	3.03	3.00	3.50	3.42	3.32	3.27
45 생물학자	I	3.00	2.38	3.59	2.68	3.37	2.57
46 신문기자	S	2.67	2.62	3.12	2.61	2.95	2.61
47 문학평론가	A	2.70	2.68	2.88	2.87	2.82	2.80
48 수필가	A	2.49	2.90	2.58	2.97	2.54	2.94
49 계산원	C	2.14	3.44	2.20	3.40	2.17	3.42
50 유전공학자	R	2.81	2.60	3.51	2.63	3.24	2.62
51 약학자	I	2.93	2.79	3.69	2.83	3.40	2.82
52 뉴스앵커	E	3.08	3.35	3.34	3.39	3.24	3.38
53 유치원 교사	S	3.26	3.99	3.39	4.06	3.33	4.02
54 음악평론가	A	2.74	3.41	2.83	3.29	2.78	3.33
55 통신판매원	E	2.37	3.06	2.20	3.26	2.25	3.18
56 은행원	C	2.79	3.18	2.97	3.34	2.89	3.28
57 일러스트레이터	A	2.78	3.11	2.79	3.26	2.80	3.21
58 성악가	A	2.87	3.19	2.76	3.19	2.79	3.19
59 선박기관사	R	2.15	2.33	2.60	2.22	2.42	2.27

직업명	Holland type	지위 (남)	성별 (남)	지위 (여)	성별 (여)	지위 (전체)	성별 (전체)
60 비서	E	2.15	3.10	2.55	3.39	2.40	3.28
61 전자제품 수리원	R	2.29	2.04	2.73	2.13	2.56	2.09
62 외판사원	E	2.00	2.68	2.13	3.01	2.07	2.88
63 초등학교교사	S	3.96	3.74	3.94	3.55	3.94	3.62
64 은행지점장	E	2.54	2.61	2.94	2.63	2.78	2.61
65 전기기사	R	2.31	2.06	2.72	2.09	2.56	2.08
66 방송기자	E	2.70	2.83	3.30	2.99	3.08	2.93
67 시나리오작가	A	2.93	3.10	3.27	3.20	3.14	3.16
68 판매원	E	2.17	3.18	2.41	3.29	2.31	3.25
69 호스피스	S	2.72	3.08	3.28	3.08	3.07	3.09
70 작곡가	A	3.04	2.94	3.01	3.00	3.01	2.97
71 홍보담당자	E	2.29	2.69	2.53	2.81	2.43	2.77

<표 2> 직업의 성별유형 점수와 지위수준 점수의 초등학생 남녀 상관관계

	성별유형 (남자)	지위수준 (여자)	성별유형 (여자)
지위수준 (남자)	.104	.904[**]	.059
성별유형 (남자)		-.108	.962[**]
지위수준 (여자)			-.121

** p<.01

<표 3> 가장 남성적인 직업과 여성적인 직업

순 위	가장 남성적인 직업		가장 여성적인 직업	
	남 자	여 자	남 자	여 자
1	소방관	소방관	유치원교사	유치원교사
2	자동차정비사	자동차정비사	보 모	보 모
3	컴퓨터조립원	컴퓨터조립원	캐릭터디자이너	의상디자이너
4	형 사	형 사	초등학교교사	캐릭터디자이너
5	우체국직원	경찰관	의상디자이너	간병인

〈표 4〉 높은 지위수준의 직업

순 위	남 자	여 자
1	소방관	소방관
2	경찰관	경찰관
3	초등학교교사	형 사
4	형 사	응급구조원
5	응급구조원	간병인

2) 직업인지 지도 분석결과

초등학교 5, 6학년 학생들이 개별 직업의 성별유형과 지위수준에 대해 남녀에 상관없이 공통된 개념을 형성하고 있다는 것은 [그림 4]와 [그림 5]에 나타난 개별 직업의 분포를 살펴보면 보다 쉽게 알 수 있다. [그림 4]와 [그림 5]는 Holland (1973)가 제안한 6개의 직업 유형 분류를 한국의 직업들에 적용한 노동부의 직업심리 검사의 직업분류에 따라 이 연구에서 선정된 71개의 직업을 나누고, 각 직업별로 성별유형과 지위수준에 따라 개별 직업이 직업지도 좌표 상에서 어떻게 분포되는지를 남녀별로 표시하였다. Holland의 여섯 가지 유형 중 기업적(E) 유형에 속하는 직업들의 분포는 남녀별로 유사하다. 이외의 다섯 유형에 속하는 직업들의 분포도 남녀 간 유사함이 나타나고 있다. 이와 같은 결과를 통해 이 연구에 참여한 초등학교 5, 6학년의 남녀 학생들은 그들의 성에 관계없이 직업의 성별유형과 지위수준에 대해 유사한 개념을 형성하고 있음을 보여주고 있다.

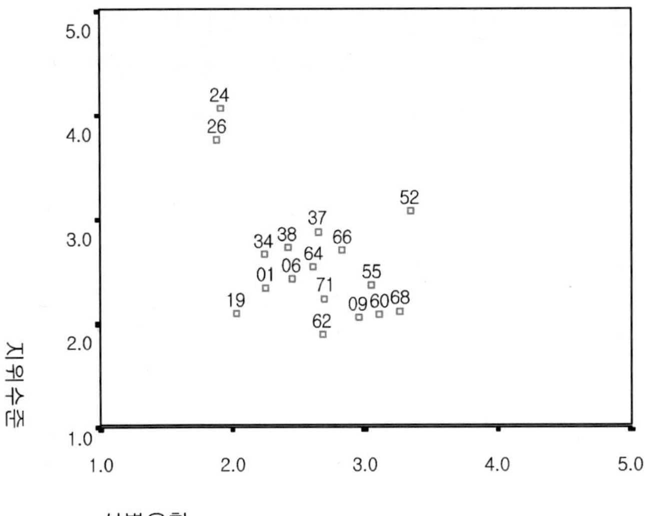

성별유형

* 숫자에 해당하는 직업명은 〈표 1〉참조

[그림 4] 직업의 지위수준과 성별유형(남자)

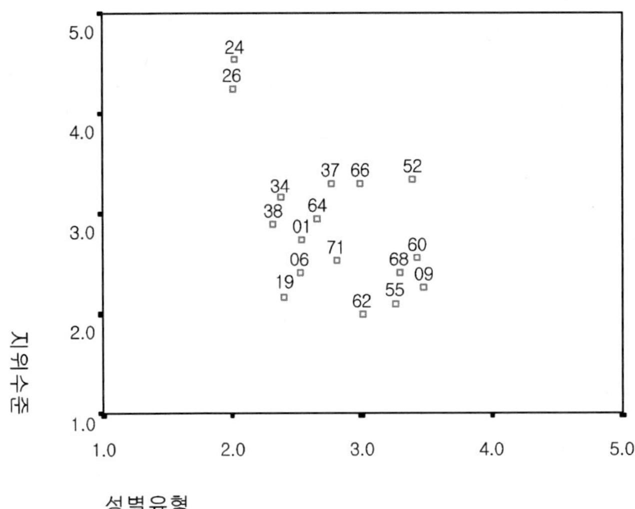

성별유형

* 숫자에 해당하는 직업명은 〈표 1〉참조

[그림 5] 직업의 지위수준과 성별유형(여자)

한편, Holland의 6개 직업유형에 의한 직업인지 지도는 [그림 6]과 같이 나타났다. 이 지도는, 각 유형별로 분류된 직업들 중 성별유형 점수 혹은 지위수준 점수가 SPSS 탐색분석의 Boxplots에 의해 극단치(outlier)로 지목된 직업들을 제외한 뒤 나머지 직업들의 성별유형 점수와 지위수준 점수의 평균들로 작성되었다. 이 연구에서 얻어진 직업인지 지도는 Gottfredson (1996)이 제안한 직업인지 지도와는 약간의 차이를 보이고 있다. 이 연구의 결과에 의하면 탐색적 직업유형(I)에 속하는 직업들은 비교적 남성적이며 지위가 높은 직업으로 간주된다. 그러나 사회적 직업유형보다 지위가 높지는 않다. 사회적 직업유형(S)에 속하는 직업들은 비교적 여성적이며 지위가 높은 직업으로 여겨진다. 한편 기업적 직업유형(E)에 속하는 직업들은 중성적이며 지위가 낮은 직업으로 응답되었다.

기업적 직업유형(E)에서 극단치로 지목된 직업들은 형사와 경찰관이었는데 이들 직업들은 기업적 직업유형에 속하는 다른 직업들에 비해 지위수준이 주목할 만큼 높은 것으로 응답되었다(그림 4, 그림 5). 형사와 경찰관이 극단치로서 기업적 직업유형(E)에서 제외되기 전에는 기업적 직업유형(E)은 관습적 직업유형(C)에 비해 지위수준이 높은 위치에 있었으나 극단치로 지목된 직업들이 제외된 후에는 관습적 직업유형에 비해 지위수준이 낮은 위치에 자리하였다. 이 외의 직업유형들은 극단치로 지목된 직업들을 제외하기 전과 제외한 후의 상대적 위치가 큰 차이를 보이지 않았다.

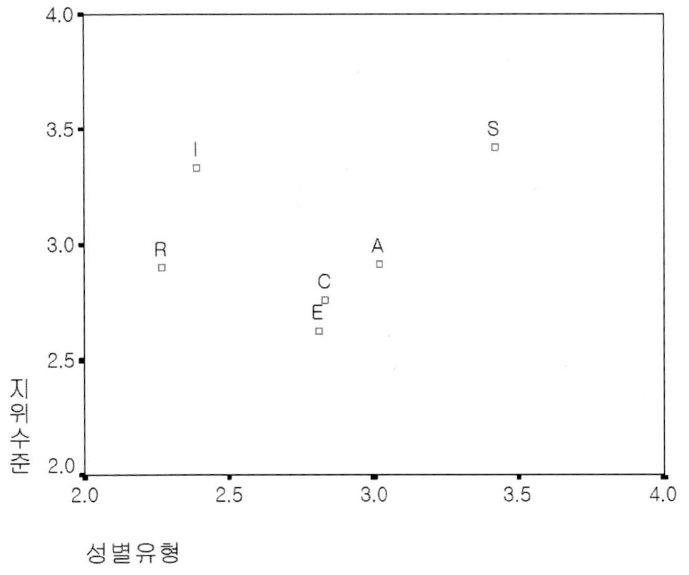

[그림 6] Holland 직업유형별 지위수준과 성별유형

3) 직업희망 수준에 관한 분석

초등학교 5, 6학년 학생의 성별에 따라 장래에 해당 직업을 가지고 싶은 정도를 Holland의 직업유형별로 살펴본 결과는 <표 5>와 같다. 탐색적 직업유형을 제외하고 모든 직업유형에서 여학생이 남학생보다 통계적으로 의의 있게($p < .05$) 더 많이 해당 직업들을 가지고 싶다고 응답하였다. 탐색적 직업유형 역시 통계적으로 의의 있는 차이는 아니지만 ($p > .05$), 여학생이 남학생보다 높게 해당 직업들을 가지고 싶다고 응답하였다. 이 연구에서 선정된 71개 직업 모두를 대상으로 분석한 결과도 통계적으로 의의 있게($p < .01$) 여학생이 남학생에 비해 해당 직업들을 갖고 싶다는 희망이 더 컸다.

〈표 5〉 Holland의 직업유형별 초등학교 남녀 학생의 취업 희망 수준

Holland의 직업유형	남 자	여 자
R[**]	2.08	2.35
I	2.18	2.36
A[**]	2.16	2.48
S[*]	2.21	2.43
E[*]	2.07	2.22
C[**]	2.00	2.20

[*] p<.05, [**] p<.01

다. 논 의

이 연구는 초등학교 남, 여학생들의 직업에 대한 희망 그리고 인식의 형성, 발달과정을 이해하려는 것이었다. Gottfredson(1981)의 직업의 선택과 결정과정에 관한 이론에서, 사람들이 공통적으로 가지는 직업의 이미지가 있으며 이에 근거하여 자신에게 어울리는 직업의 선택 가능 역역을 구체화하고 좁혀 나감으로서 최종적인 선택에 이르게 된다는 것을 보여주었다. 이 과정을 서열획득 단계, 성역할획득 단계, 그리고 내적인 자아획득 단계로 구분하여 설명하였다. 이 단계를 통해 형성된 직업에 관한 인지지도(the cognitive map of occupations)는 남성성 / 여성성, 직업의 지위수준, 일의 영역의 세 가지 차원으로 구성된다. 사람들이 어떤 직업에 대해서는 보다 상세한 이미지를 가지고 있지만 대부분 이 세 가지 차원에서의 공통점이나 차이점으로 직업을 인식하게 된다는 것이다. 이러한 인지지도는 어떻게 형성되는가? Lapan과 Jingeleski(1992)는 미국의 고등학생을 대상으로 하여 위의 이론을 검증한 바 있었다. 이 연구에서는 직업 이

미지 지도가 한국의 초등학생들에게서는 어떻게 확인될 수 있는지를 밝히고자 하였다.

연구결과, 여학생들의 직업희망 수준이 남학생에 비해 높게 나타났다. 남성적인 직업으로 인식되는 직업과 여성의 직업으로 인식되는 직업을 막론하고 이와 같은 현상에서는 일관성이 있었으며, 지위의 높고 낮음에 관한 인식과도 상관없이 여학생들의 희망 수준이 높았다. 여학생들이 직업에 대해 보다 개방적이고 적극적인 태도를 취하는 것으로 볼 수 있다. 이는 여학생들의 생리신체적인 발달이 또래의 남학생보다 일반적으로 앞선다는 점과 궤를 같이하는 것으로 해석할 수 있겠다. 즉 진로발달과 직업선택에 대해 초등학교 고학년의 경우 여학생들의 발달이 왕성하게 일어나는 것으로 해석해 볼 수 있겠다. 앞으로 더욱 연구될 수 있는 점은 직업에 대한 희망 수준이 향후의 발달, 즉 중학교와 고등학교 단계에서 어떤 변화의 추이를 보이는가 하는 점이다. 매우 흥미로운 주제가 아닐 수 없다.

두 번째 연구문제에 관해서는 남학생과 여학생이 각 직업의 성별 유형과 사회적 지위에 대해 공통된 개념을 가지고 있다는 것을 발견하였다. 직업의 성역할과 지위에 관해 남학생과 여학생이 일치하는 인식을 형성한다는 것은 곧 이 시기의 아동은 개인적인 관념이 아닌 이미 사회적인 직업인식을 형성하여 공유한다는 것을 의미한다. 혹자는 초등학교 학생들에게 진로지도가 필요한가라는 질문을 던진다. 또 혹자는 초등학생들은 직업에 대해 매우 환상적인 기대를 가진다고 한다. 그러나 이 결과는 이미 초등학교 고학년에서는 직업에 대한 인식이 상당히 형성, 성숙할 뿐 아니라 현실적이고 사회적인 기대와 개념을 가지게 된다는 것을 보여준다. 이에 대해 아이들이 가장 남성적이라고 생각하는 직업 5개, 가장 여성적이라고 생각하는 직업 5개, 가장 지위가 높다고 생각하고 있는 직업 5개, 가장 지위가 낮다고 생각하는 직업 5개를 뽑아서 그 타당성을 보는 분석을 더 하였을 때 이는 더욱 분명하게 드러났다.

다만 Holland의 직업유형에 따른 직업인지 지도는 외국의 연구와는 달라, 한국 초등학생들의 직업에 대한 인식에 있어서의 차이를 보였다. 전체적인 분포면에서 Lapan과 Jingeleski(1992)의 연구와 달리 좁은 영역에 분포하는 것을 볼 수 있었다. 직업의 성별유형에 대해서는 좀 더 넓은 분포를 보였으나 직업의 지위에 대해서는 분화되지 않은 모습을 보여준다. 이는 초등학생의 경우 성역할 개념은 상당히 성숙된 것으로 보이지만 직업의 지위에 대해서는 덜 성숙한 것으로 해석할 수 있겠다. 이는 Gottfredson의 이론과 일치하는 양상으로 볼 수 있다.

직업인지 지도의 분포에 관해서 살펴볼 때 몇 가지 점을 논의할 수 있겠다. 직업의 성역할 개념에 있어서는 실제적 유형과 탐구적 유형의 직업이 남성적인 직업으로 뚜렷하게 드러나는 반면, 전통적 직업의 경우는 미국의 연구에서는 분명하게 여성적 직업으로 인식되는 반면, 우리나라 초등학생의 경우에는 중간적인 것으로 나타나는 점이 주목할 만하다.

전통적으로 낮은 지위의 직업으로 분류되는 사회적 유형의 직업이 탐구적 유형의 직업보다 지위가 높게 나타나고 있다. 이는 산업구조가 서비스 지향적인 방향으로 발달함과 무관하지 않을 것이며, 특히 여학생들의 높은 포부수준이 반영된 것으로 볼 수 있을 것이다. 특히 여학생들이 높은 희망을 보여준 '교사'직이 결과에 영향을 미친 것으로 볼 수 있다. 전통적 직업군이 기업적 기업군의 직업보다 높은 지위의 직업으로 평가되고 있다는 점도 주목할 만하다. 전통적 직업에 속하는 고급공무원, 공인회계사 등의 영향으로 볼 수도 있겠으나 경찰 및 형사와 같은 직업이 영향을 미친 것으로 해석하는 것이 보다 적합하겠다. 이상의 결과를 통해서 볼 때, 초등학교 고학년 학생들이 직업의 지위에 대해서는 아직 정확한 개념을 형성하지 못한 것일 수 있음을 시사한다고 하겠다. 이 연구에서는 아동들의 성별 및 능력과 자신의 희망 직업을 연결시켜서 "수용 가능한 진로대안 영역"이 형성되었는지를 탐구하는 것은 이루어지지 못했다. 후속 연구에 이를 기대한다.

2 중·고등학생의 진로인식 발달[2]

이 연구는 우리나라 중·고등학생을 대상으로 하여 Gottfredson(1981, 1996, 2003)이 제안한 직업인지 지도의 발달양상을 알아보는 것을 목적으로 하고 있다. Gottfredson이 제안한 직업인지 지도의 내용은 미국 직업세계를 반영하고 있고, 직업인지 지도는 개인이 속한 사회·문화적 배경에 따라 차이가 있을 수 있다. 따라서 이 연구에서는 현재 우리나라 직업의 성별 분포 및 사회적 지위 분포를 노동부 직업지도(Job Map)를 기초로 직업인지 지도를 만들고, 이를 우리나라 중·고등학생들의 직업인식 발달의 준거로 사용할 것이다. 중·고등학생이란 14~19세의 연령으로 Gottfredson의 이론에 의하면, 진로발달 과정에서 진로선택의 외적 기준이 되는 직업의 성별유형에 대한 인식과 직업의 사회적 지위에 대한 개념발달이 마무리 된 단계이다. Gottfredson은 직업의 성별유형이 보다 앞서 형성되고 지위유형이 뒤

---

2) 황매향·김지현·유정이 (2003). 중·고등학생의 직업인식 발달연구. 청소년상담 연구 제11권 제1호 pp.3-12

이어 발달하는 것으로 보았다. 따라서 중·고등학생들은 직업의 성역할에 대해서는 물론 직업의 지위에 대해서도 안정된 개념을 형성했을 것이고, 또한 직업인지 지도의 내용이 실제 직업세계를 반영할 것으로 예상하였다. 그리고 이를 확인함으로써 선행연구(유정이·김지현·황매향, 2002)에서 밝혀진 초등학생의 발달과 비교하여 직업의 지위에 관한 개념 형성의 발달과정을 확인할 수도 있었다. 이 연구에서 탐구하고자 한 연구문제는 다음과 같다.

1. 중학생과 고등학생은 각각의 직업에 대한 포부수준에 차이가 없을 것이다.
2. 중학생과 고등학생은 직업의 성별유형에 대해 남녀에 상관없이 공통된 개념을 형성할 것이다.
3. 중학생과 고등학생은 직업의 지위수준에 대해 남녀에 상관없이 공통된 개념을 형성할 것이다.
4. 직업지도 연구에서 밝혀진 직업인지 지도는 한국의 중학생과 고등학생에게도 일치하게 나타날 것이다.
   1) 실제적 유형의 직업은 낮은 지위-남성적 유형으로 나타날 것이다.
   2) 탐구적 유형의 직업은 높은 지위-중성적 유형으로 나타날 것이다.
   3) 기업적 유형의 직업은 중간 지위-중성적 유형으로 나타날 것이다.
   4) 사회적 유형의 직업은 낮은 지위-여성적 유형으로 나타날 것이다.
   5) 관습적 유형의 직업은 낮은 지위-여성적 유형으로 나타날 것이다.
   6) 예술적 유형의 직업은 중간 지위-중성적 유형으로 나타날 것이다.

가. 연구방법

1) 연구대상

이 연구는 서울시내 2개 중학교 4개 학급에 재학 중인 중학생 181명(남 106명, 여 75명)과 서울시내 2개 고등학교 4개 학급에 재학 중인 고등학생 192명(남 97명, 여 95명)을 대상으로 수행되었다. 질문지는 각 학교의 교과담당 교사에 의해 실시되었다.

2) 연구도구

직업에 대한 중·고등학생들의 포부수준, 직업의 성유형에 대한 지각 및 직업의 사회적 지위에 대한 지각을 알아보기 위하여 연구자들이 직접 질문지를 제작하였다. 질문지 제작을 위해 청소년 직업흥미 검사(노동부, 2000, 2002b)의 71가지 직업목록을 선택하였다. 여기에서는 실재적 직업(목수, 건설업자, 트럭 운전사, 공장노동자, 경찰관, 엔지니어, 군장성, 방사선기사), 탐구적 직업(물리학자, 화학자, 생물학자, 컴퓨터 프로그래머), 예술적 직업(사진가, 작가, 상업예술가), 사회적 직업(사회복지사, 학교상담자, 초등학교 교사, 간호사), 기업적 직업(경영마케팅 담당자, 판매자, 보험설계사), 관습적 직업(비서, 접대원, 교환수, 은행창구직원, 회계사, 변호사)등이 포함되어 있다. 구체적인 질문지의 내용은 다음과 같다.

직업포부 질문
직업포부 질문에서는 71개의 제시된 직업에 대해 "장래에 내가 이 직업을 가지고 싶다고 생각하는 정도”를 ‘전혀 가지고 싶지 않다’, ‘가지고 싶지 않은 편이다’, ‘그저 그렇다’, ‘가지고 싶은 편이다’, ‘매우 가지고 싶다’의 5점 척도로 표시하게 하였다.

직업지위 질문

직업지위 질문에서는 제시된 71개의 직업에 대해 “사람들이 이 직업을 가진 사람을 존경하는 정도”를 판단하여 ‘전혀 존경하지 않는다’, ‘존경하지 않는 편이다’, ‘그저 그렇다’, ‘존경하는 편이다’, ‘매우 존경한다’의 5점 척도로 표시하게 하였다.

남성여성 직업질문

남성여성 직업질문에서는 제시된 71개의 직업에 대해 “이 직업이 전통적으로 남자·여자들의 직업이라고 생각하는 정도”를 판단하여 ‘매우 남성적이다’, ‘남성적인 편이다’, ‘그저 그렇다’, ‘여성적인 편이다’, ‘매우 여성적이다’의 5점 척도로 표시하게 하였다.

3) 분석방법

학생들이 이미 잘 알고 있는 직업 71개에 대해서 희망 정도, 성별 유형, 지위수준을 각각 5점 척도로 평가하도록 하였다. 직업포부, 직업의 성유형, 직업의 사회적 지위에 대한 중학생과 고등학생, 그리고 남학생과 여학생들이 얼마나 일치된 지각을 하고 있는지 밝히기 위해 평균에 대한 차이 검증 및 상호상관 계수를 계산하였다.

각 직업군의 남녀 학생들의 평균점을 X(성별유형) * Y(지위수준)의 좌표 상에 표시하고 그 분포가 노동부의 직업지도와 일치하는지를 평가하였다. 중학생과 고등학생, 그리고 남녀 학생 각각에 대해서 직업의 군집이 일치하는지를 평가하였다.

나. 연구의 결과

1) 직업에 대한 포부수준

각 직업에 따른 남학생들과 여학생들의 포부수준이 다양하게 나타났다. Holland의 직업유형별 남녀 학생의 포부수준을 분석한 결과는 <표 6>에 제시되어 있는데, 이에 따르면 중학생의 경우 실재적 유형의 직업과 탐구적 유형의 직업에 대해서는 남학생이 높은 포부를 나타냈던 것에 비해, 예술적 유형, 사회적 유형, 기업적 유형, 관습적 유형의 직업에 대해서는 여학생의 포부수준이 유의미하게 높은 것으로 나타났다.

고등학생의 경우 <표 7>에서와 같이 예술적 유형, 사회적 유형, 기업적 유형의 직업에서 여학생이 높게 나타났다. 중학생과 고등학생의 직업포부의 평균을 비교하면, 중학교 남학생에 비해 고등학교 남학생의 각 직업유형에 대한 포부수준은 일관성 있게 낮아졌다. 반면, 여학생의 경우 중학교 여학생에 비해 고등학교 여학생들은 탐구적 유형의 직업과 사회적 유형의 직업에 대한 포부가 약간 상승하는 경향을 보여준다. 모든 직업에서의 포부수준이 여학생이 남학생보다 상대적으로 높았던 초등학생의 경우(유정이·김지현·황매향 (2002)을 참조)와는 달리, 중학교에 오면서 직업포부가 직업영역에 따라 남녀 차이가 나타나고, 고등학생의 경우 여학생들이 실제로 여성들이 많이 진출하고 있는 예술형과 사회형 직업에 대해 상대적으로 높은 포부를 보인다는 등은 직업포부가 연령이 높아짐에 따라 변화·

발달하고 있음을 나타낸다.

<표 6> Holland의 직업유형별 남녀 학생의 취업 포부수준(중학생)

Holland의 직업유형	남 자			여 자		
	사례수	평균	표준편차	사례수	평균	표준편차
R[*]	100	2.28	0.65	71	2.07	0.76
I[**]	104	2.65	0.84	75	2.28	0.71
A[**]	96	2.25	0.70	68	2.72	0.77
S[**]	100	2.31	0.75	74	2.79	0.67
E[*]	97	2.63	0.66	73	2.71	0.63
C[*]	98	2.22	0.78	70	2.31	0.78

[*] p<.05,　[**] p<.01

<표 7> Holland의 직업유형별 남녀 학생의 취업 포부수준(고등학생)

Holland의 직업유형	남 자			여 자		
	사례수	평균	표준편차	사례수	평균	표준편차
R	92	1.90	0.65	87	1.89	0.71
I	96	2.30	1.00	93	2.39	1.12
A[**]	93	2.14	0.85	89	2.74	0.86
S[**]	92	2.25	0.78	93	2.84	0.84
E[*]	91	2.45	0.69	92	2.68	0.63
C	96	2.16	0.71	94	2.30	0.76

[*] p<.05,　[**] p<.01

2) 직업의 성유형 및 사회적 지위에 대한 지각

　중·고등학교 학생들이 직업의 성별유형과 지위수준에 대해 남녀에 상관없이 공통된 개념을 형성하고 있는지 알아보기 위해, 먼저 선정된 71개 직업에 대해 각각 남녀별로 그 성별유형 점수와 지위수준 점수의 평균을 구한 다음, 남녀 집단 간 상관관계를 알아보았다.

그 결과 직업의 성별유형에 대한 중학교 남녀 학생의 상관은 .94, 직업의 사회적 지위에 대한 중학교 남녀 학생의 상관은 .87로 나타났다(표 8). 이 결과는 남녀 학생 간에 직업의 성별유형과 지위수준에 대해 공통된 개념을 가지고 있음을 보여준다. 이러한 결과는 고등학생 집단에서도 일관되게 나타났다(표 9). 이 연구에서 선정된 직업의 성별유형과 지위수준에 대해 표집된 고등학생의 남녀 학생 간 상관은 각각 .98과 .86으로 나타났다. Lapan과 Jingeleski(1992)는 미국의 중학교 2학년 학생들을 대상으로 한 연구에서 Holland(1973)의 6개 직업유형을 대표하는 것으로 선정된 32개 직업에 대한 성별유형의 남녀 간 상관이 .96, 그리고 지위수준의 남녀 간 상관이 .91이라고 보고하였는데, 이는 이 연구의 결과와 서로 유사하다.

〈표 8〉 직업의 성유형 점수와 지위수준 점수의 남녀 집단 간 상관관계(중학생)

	성별유형(남자)	지위수준(여자)	성별유형(여자)
지위수준(남자)	-.204	.866[**]	-.148
성별유형(남자)		-.084	.944[**]
지위수준(여자)			-.022

[**] p<.01

〈표 9〉 직업의 성유형 점수와 지위수준 점수의 남녀 집단 간 상관관계(고등학생)

	성별유형(남자)	지위수준(여자)	성별유형(여자)
지위수준(남자)	-.170	.858[**]	-.111
성별유형(남자)		-.087	.975[**]
지위수준(여자)			-.053

[**] p<.01

위의 결과를 통해 볼 때, 이 연구에 참여한 남녀 중학생들은 그들의 성에 관계없이 직업의 성별유형과 지위수준에 대해 유사한 개념을 형성하고 있음을 보여주고 있다. 또한 남녀 고등학생들도 서로 유사한 직업세계에 대한 개념을 형성하고 있음을 알 수 있다.

3) 직업인지 지도

중·고등학생들이 각각 개별 직업의 성별유형과 지위수준에 대해 남녀에 상관없이 공통된 개념을 형성하고 있는지, 그리고 그 변화가 발달적으로 어떻게 나타나는지 확인하기 위해 학생들의 직업인식을 직업인지 지도에 나타내 봄으로써 알 수 있다. Holland의 6개 직업유형으로 나타낸 중학생의 직업인지 지도는 [그림 7], [그림 8], [그림 9]와 같이 나타났다. 고등학생의 직업인지 지도는 [그림 10], [그림 11], [그림 12]에 제시하였다.

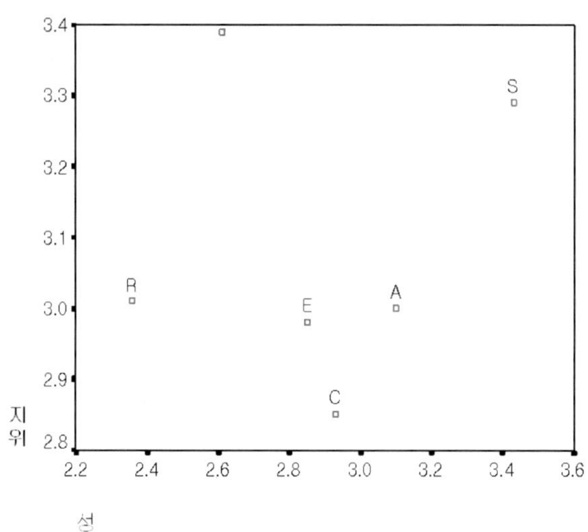

[그림 7] 중학생의 직업인지 지도

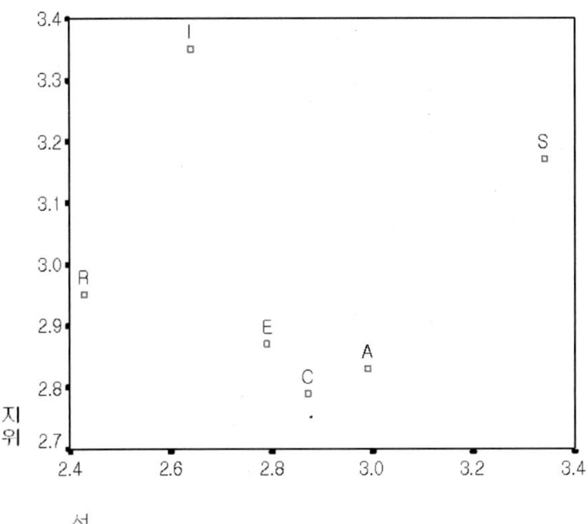

[그림 8] 남중생의 직업인지 지도

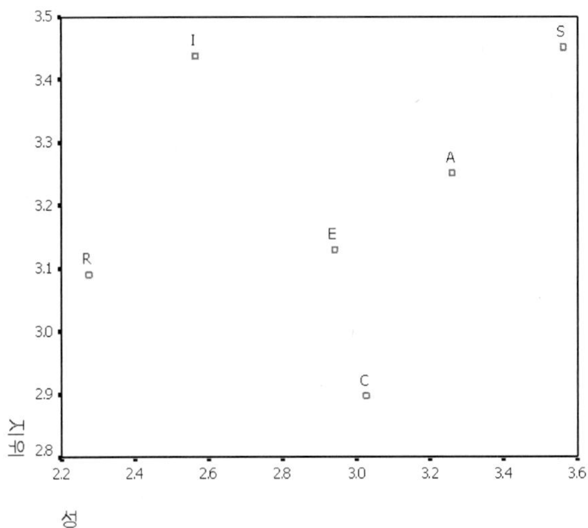

[그림 9] 여중생의 직업인지 지도

68

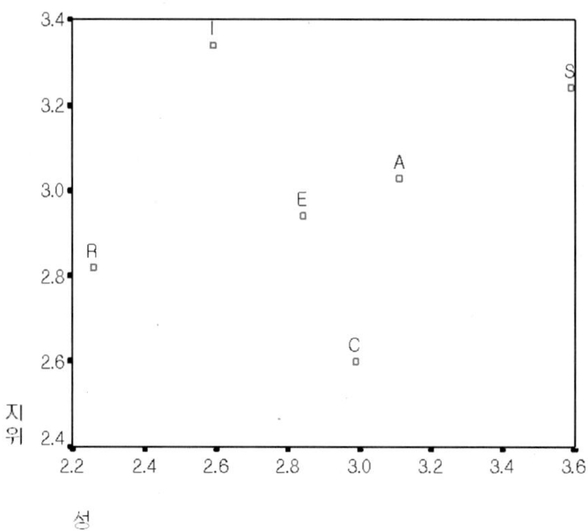

[그림 10] 고교생의 직업인지 지도

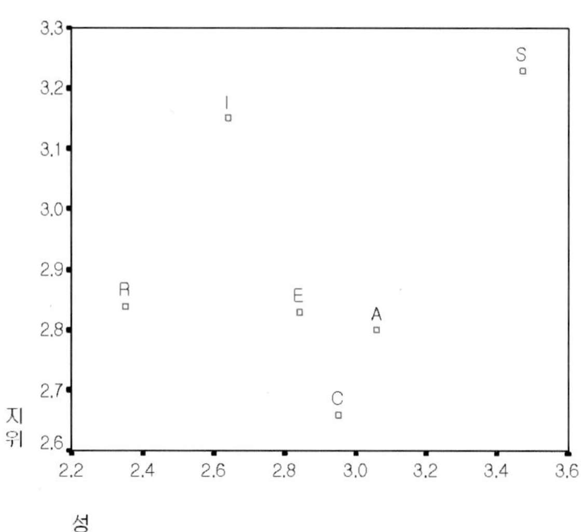

[그림 11] 남고생의 직업인지 지도

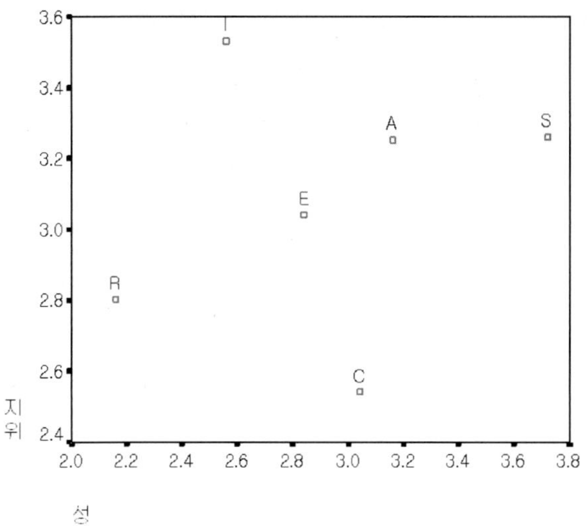

[그림 12] 여고생의 직업인지 지도

이 지도들은 각 유형별로 분류된 직업들 중, 성별유형 점수 혹은 지위수준 점수가 SPSS 탐색분석에 의해 극단치로 지목된 직업들을 제외한 뒤 나머지 직업들의 성별유형 점수와 지위수준 점수의 평균들로 작성되었다.

먼저, 각 직업의 성역할 유형에 대한 학생들의 지각을 살펴보면, 중학교 남학생, 여학생, 고등학교 남학생, 여학생 모두 일치하게 실재적 유형(R)-탐구적 유형(I)-기업적 유형(E)-관습적 유형(C)-예술적 유형(A)-사회적 유형(S)의 순서로 여성적인 직업으로 인식하였다. 이를 통해 볼 때 직업의 성유형에 관해서는 중·고등학생 간, 그리고 남녀 학생 간에 매우 일치된 결과를 보인다는 것을 알 수 있었다. 이 R-I-E-C-A-S의 순서는 이미 초등학생들의 직업인지도에서 일치되게 발견되었고, 실제 우리나라 노동시장의 여성인력 분포가 I-R-E-C-A-S의 순서로 나타나는 것과 비교할 때 거의 동일하다. 즉,

직업의 성역할에 대한 개념은 초등학교 고학년 정도에 형성되고 발달과정을 통해 계속 지속되고 있음을 알 수 있다.

그러나 직업의 사회적 지위에 대해서는 중학생과 고등학생, 그리고 남학생, 여학생들이 모두 다르게 지각하고 있는 것으로 나타났다. 중학교 학생의 경우 남학생은 탐구적 유형(I)-사회적 유형(S)-실재적 유형(R)-기업적 유형(E)-예술적 유형(A)-관습적 유형(C)의 순으로 직업의 지위가 낮아진다고 인식하고 있다. 여중생들은 사회적 유형(S)-탐구적 유형(I)-예술적 유형(A)-기업적 유형(E)-실재적 유형(R)-관습적 유형(C)의 순서로 지각하고 있다. 중학생들 전체는 탐구적 유형(I)-사회적 유형(S)-실재적 유형(R)-기업적 유형(E)-예술적 유형(A)-관습적 유형(C)으로 인식하고 있었다.

고등학생의 경우 고등학교 남학생들은 사회적 유형(S)-탐구적 유형(I)-실재적 유형(R)-기업적 유형(E)-예술적 유형(A)-관습적 유형(C)으로, 여학생들은 탐구적 유형(I)-사회적 유형(S)-예술적 유형(A)-기업적 유형(E)-실재적 유형(R)-관습적 유형(C), 종합적으로는 탐구적 유형(I)-사회적 유형(S)-예술적 유형(A)-기업적 유형(E)-실재적 유형(R)-관습적 유형(C)으로 인식하고 있다.

남학생과 여학생의 직업인식에 관한 발달적인 관점을 빌려 오자면, 직업의 지위 면에서 남학생들은 탐구적 유형(I)의 직업을 가장 높은 지위의 직업으로 인식하다가 고등학생이 되면 사회적 유형(S)의 직업을 가장 높은 지위로 인식하는 변화를 보인 반면, 여학생들은 중학교 때에는 사회적 유형(S)의 직업을 가장 높은 지위의 직업으로 인식하다가 고등학생이 되면 탐구적 유형(I)의 직업을 가장 높은 지위의 직업으로 인식하는 변화를 보인다. 이러한 변화는 경미한 것이기는 하지만 우리나라 학생의 경우 중학교와 고등학교 시기에 직업의 지위에 관한 인식의 변화가 일어난다는 것을 보여준다.

	지위가 높은 코드-지위가 낮은 코드
중학생 전체	I-S-R-A-E-C
남자 중학생	I-S-R-E-A-C
여자 중학생	S-I-A-E-R-C
고등학생 전체	I-S-A-E-R-C
남자 고등학생	S-I-R-E-A-C
여자 고등학생	I-A-S-E-R-C
노동부 직업지도	I-E-A-S-C-R

그러나 중·고등학생들이 지각하고 있는 직업의 사회적 지위와 실제 직업세계에서의 직업지위를 비교해 보면, 중학생들이나 고등학생들이 마찬가지로 현실적인 직업세계를 제대로 이해하지 못하고 있음을 알 수 있다. 또한 직업에 대한 인식이 변화되고 있지만, 이 연구 결과로 현실세계와 보다 근접한 방향으로 발달하고 있다는 것을 추론하기도 어렵다.

다. 논 의

이 연구는 중·고등학생들의 직업에 대한 포부 그리고 인식의 형성, 발달과정을 이해하는 데 목적이 있다. Gottfredson(1981, 1996, 2003)은 직업포부 발달이론을 통해 사람들은 공통적으로 가지는 직업의 이미지가 있으며 이에 근거하여 자신에게 어울리는 직업의 선택 가능 영역을 구체화하고 좁혀 나감으로서 최종적인 선택에 이른다는 것을 보여주었다. 이 과정을 서열획득 단계, 성역할획득 단계, 사회적 가치획득 단계, 그리고 내적인 자아획득 단계로 구분하여 설명하였다. 이 단계를 통해 형성된 직업의 인지지도는 남성성 / 여성성, 직업의 지위수준, 일의 영역의 세 가지 차원으로 구성된다. 이와 같은 Gottfredson이 제안한 진로발달 과정이 우리나라 청소년의 진로발달에서도 나타나는지를 검증해 보았다.

개인이 갖는 진로포부는 자기 자신에 대한 이해와 직업세계의 특성에 대한 이해의 상호작용 속에서 형성된다. 여기에서 직업세계에 대한 이해는 진로포부의 현실성을 확보해 주는 중요한 요소이다. 이 연구를 통해 우리나라 중·고등학생들이 직업세계에 대해 얼마나 잘 알고 있는지 그리고 그 내용이 얼마나 현실적인지 파악할 수 있었다. 이 연구는 직업에 대한 중·고등학생들의 인지지도를 그려봄으로써 몇 가지 중요한 발견을 할 수 있었다.

첫째, 우리나라 중·고등학생들은 직업에 대해 남성들은 주로 어떤 직업에 종사하고 여성들은 주로 어떤 직업에 종사하는가에 관한 직업의 성역할에 대해 현실적인 지각을 가지고 있다. Goffredson에 의하면 직업의 성역할에 대한 개념은 만 8세 정도에 형성되는데, 이 연구에 참여한 중·고등학생들은 이전 초등학생을 대상으로 한 연구에서와 마찬가지로 직업세계에서의 성역할에 대해 공통된 지각을 가지고 있었다. 그리고 실제 노동시장의 여성인력 비율의 서열과도 거의 일치하여, 직업의 성역할에 대한 정확한 이해를 하고 있다고 할 수 있다.

둘째, 직업의 사회적 지위 측면에 대한 우리나라 중·고등학생들의 인식은 아직 충분히 발달하지 못한 것으로 밝혀졌다. Gottfredson을 비롯한 미국의 연구에서는 만 13세 경이면 직업의 사회적 지위에 대한 지각이 형성된다고 하지만, 우리나라 청소년의 경우는 그렇지 않은 것으로 나타났다. 직업의 사회적 지위에 대한 인식이 연령이 증가하면서, 그리고 남녀에 따라 달라지고는 있지만, 그 변화의 방향이 실제 직업세계의 지위 서열에 부합하지 못하고 있다.

우리나라 청소년들이 직업의 사회적 지위에 대해 현실적인 인식을 갖지 못하고 있다는 사실은 진로지도 및 진로상담에 중요한 정보를 제공하고 있다. 먼저, 우리나라 청소년들은 자신의 직업포부를 형성하는 과정에서 올바르지 않은 직업인식이 영향을 미쳤을 가능성이 있다. 예를 들면, 어떤 직업들은 자신의 능력에 비해 사회적 지위가 너무 높은 것 같아서 자신의 희망 직업목록에서 제외되었거나 반대로 사회적 지위가 너무 낮다는 이유로 제외되었을 수 있다. 따라서 진로상담자는 청소년들이 자신의 희망 직업들의 실현가능성에 대해 다시 한번 점검하고, 제외시켰던 직업들 중 현실적으로 가능한 직업들이 있지 않은지 확인할 수 있도록 도와야 할 것이다.

그리고 아직 직업의 사회적 서열에 대한 개념도 제대로 형성되지 않은 우리나라 청소년들의 경우, 자신의 흥미나 가치관 또는 적성들을 직업포부에 반영하지 못할 가능성이 크다. 보다 쉽게 지각될 수 있는 외부세계에 대한 이해가 자기 자신의 내부세계에 대한 이해보다 선행된다는 점을 고려할 때 이 가능성을 배제할 수 없다. 즉, 진로상담 프로그램의 전형적인 구성인 '자기탐색 → 직업탐색 → 의사결정 → 준비행동'의 활동들이 제대로 이루어지지 못할 수도 있다. 따라서 앞으로 청소년을 대상으로 하는 진로상담 프로그램에서는 청소년의 현재 발달단계를 확인하고, 그 단계에 맞는 활동으로 프로그램 내용을 구성해야 할 것이다. 예를 들어 진로 또는 직업선택 과정보다 직업세계에 대한 보다 체험적이고 전반적인 이해나 일(직업)에 대한 올바른 가치 및 태도 형성 등이 선행되어야 할 것이다.

마지막으로 이 연구는 여러 제한점을 가지고 있으므로 그 결과의 현실적용에 있어서 주의를 요한다. 먼저, 이 연구에 포함된 연구대상은 발달 현상에 대한 일반적 이해를 하기에 제한점이 있다. 연령집단을 중·고등학교 두 집단으로 나눈 점, 각 연령집단의 특성을 골고루 반영할 수 있는 유층표집을 적용하지 못한 점 등을 고려해야 할 것이다. 또한 청소년들이 가진 직업인식과 각자의 직업포부 내용의 관련성에 대한 검토는 이루어지지 못하였다. 진로상담 실제에 보다 구체적인 지침을 제공하기 위해서는 청소년들의 진로의식 발달에 대한 보다 다양한 후속 연구가 계속되기를 기대한다.

3 중·고등학생의 직업포부 발달[3)

직업포부(vocational aspiration)란 '개인이 특정시점에서 가장 좋은 직업적 대안이라고 생각하는 희망 직업'(Gottfredson, 2003)을 의미하는 것으로 적성이나 흥미와 함께 미래의 직업선택을 예언해 주는 변인 중의 하나다. 이 연구에서는 직업적 포부를 '장래 희망', 곧 '일정 직업을 가지고 싶어 하는 정도'로 정의한다. Adams와 Hicken(1984), Barnhart(1983), Kiedberg와 White(1978), Looft(1971), Siegel(1973) 등은 남자가 여자보다 더 다양한 직업을 선택하며 남녀 모두 성 편향적인 직업을 선택한다고 하였다. 초등학생을 대상으로 선호하는 직업의 종류에 대한 연구를 진행한 Hewitt(1975)는 남아가 여아보다 많은 수의 직업을 희망하며 연령이 증가할수록 남아는 더 다양한 직업을, 여아는 더 적은 직업을 희망한다는 결과를 보여주었다. 반면 Lavine(1982)은 오히려 여아가 남아보다 더 많은 직업을 희망했다는 상반된 결과를 보여주기도 하였다. 그러나 최근 8세와 11세 아동을 대상으로 한 Trice

---

3) 유정이·김지현·황매향 (2004). 중·고등학생의 직업포부 변화에 관한 연구. 교육학연구, 제42권 제2호, pp.315-333

등(1995)의 연구에서는 남녀가 선택한 직업의 수에 거의 차이가 없는 것으로 나타났다.

이 연구에서는 중·고등학생의 직업포부의 속성의 변화를 알아보기 위해서 직업포부를 Holland의 RIASEC 직업코드에 따라 분류하였다. 남녀 중·고등학생들이 연령이 증가함에 따라 자신의 이미지와 현실적인 조건을 고려해 적절하지 않다고 생각되는 직업을 배제시켜 나감으로써 희망하는 직업의 범위가 줄어들고 그 속성 또한 비교적 동질적인 것으로 변화해 나가는지를 분석하였다. 즉, 이 연구에서는 Gottfredson(1981, 1996, 2003)의 진로발달이론에서 제안한 진로대안의 제한(circumscription)의 과정이 한국의 중·고등학생에게서 확인될 수 있는지를 검증하고자 하였다. 이 연구에서 설정한 연구문제를 기술하면 다음과 같다.

1) 중고생의 직업포부는 연령이 증가함에 따라 직업의 성유형 면에서 축소되는가?
2) 중고생의 직업포부는 연령이 증가함에 따라 직업의 사회적 지위 면에서 축소되는가?
3) 중고생의 직업포부는 연령이 증가함에 따라 직업의 성유형 및 사회적 지위 면에서 축소되는가?

위의 연구문제에 대해 자신이 지각하고 있는 성유형 및 사회적 지위(이하 주관적 성유형 및 사회적 지위로 명명) 및 2001년 노동부에서 실시한 우리나라 직업지도 자료(노동부, (2002a))에 근거한 직업의 성유형 및 사회적 지위(이하 객관적 성유형 및 사회적 지위로 명명)를 적용하여 각각 분석해 보았다.

가. 연구방법

1) 연구대상

이 연구는 서울시내 2개 중학교 4개 학급에 재학 중인 중학생 181명(남 106명, 여 75명)과 서울시내 2개 고등학교 4개 학급에 재학 중인 고등학생 192명(남 97명, 여 95명)을 대상으로 수행되었다. 검사는 각 학교의 교과담당 교사에 의해 실시되었다.

2) 연구도구

직업에 대한 중·고등학생들의 포부수준을 알아보기 위하여 연구자들이 직접 질문지를 제작하였다. 질문지 제작을 위해 청소년 직업흥미 검사(노동부, 2000, 2002b)의 71가지 직업목록을 선택하였다. 여기에서는 실제적 직업(목수, 건설업자, 트럭 운전사, 공장노동자, 경찰관, 엔지니어, 군장성, 방사선기사), 탐구적 직업(물리학자, 화학자, 생물학자, 컴퓨터 프로그래머), 예술적 직업(사진가, 작가, 상업예술가), 사교적 직업(사회복지사, 학교상담자, 초등학교 교사, 간호사), 기업적 직업(경영마케팅 담당자, 판매자, 보험설계사), 관습적 직업(비서, 접대원, 교환수, 은행창구직원, 회계사, 변호사)등이 포함되어 있다. 구체적인 질문지의 내용은 다음과 같다.

직업포부 질문

직업포부 질문에서는 71개의 제시된 직업에 대해 "장래에 내가 이 직업을 가지고 싶다고 생각하는 정도"를 '전혀 가지고 싶지 않다', '가지고 싶지 않은 편이다', '그저 그렇다', '가지고 싶은 편이다', '매우 가지고 싶다'의 5점 척도로 표시하게 하였다.

직업의 성유형 직업질문

직업의 성유형에 대한 질문에서는 제시된 71개의 직업에 대해 "이 직업이 전통적으로 남자·여자들의 직업이라고 생각하는 정도"를 판단하여 '매우 남성적이다', '남성적인 편이다', '그저 그렇다', '여성적인 편이다', '매우 여성적이다'의 5점 척도로 표시하게 하였다

직업의 사회적 지위 질문

직업의 사회적 지위에 대한 질문에서는 제시된 71개의 직업에 대해 "사람들이 이 직업을 가진 사람을 존경하는 정도"를 판단하여 '전혀 존경하지 않는다', '존경하지 않는 편이다', '그저 그렇다', '존경하는 편이다', '매우 존경한다'의 5점 척도로 표시하게 하였다.

3) 분석방법

주관적 성유형 및 사회적 지위를 적용한 분석

각 연구대상이 직업포부 질문에서 4점 이상 답한 직업목록을 뽑은 다음, 그 직업들 중 주관적 성유형 값(그 대상이 직업의 성유형 질문에 응답한 값)이 최고인 직업에서 최저인 직업을 뺀 차를 성유형 직업포부로 명명하였다. 동일한 방법으로 사회적 지위 직업포부를 구한 다음, 연령별 변화를 변령분석으로 확인하였다. 성유형 차이 값(직업포부) 및 사회적 직업 차이 값(직업포부)의 곱(면적)을 구하고, 연령에 따른 변화 및 성차를 이원변량 분석으로 확인하였다.

객관적 성유형 및 사회적 지위를 적용한 분석

노동부(2002a)의 산업·직업별 고용구조 조사 자료를 토대로 71개 직업에 대한 객관적 성유형 및 사회적 지위 값을 산출하였다. 성유

형 값은 여성의 고용비율을 준거로 하고 사회적 지위 값은 임금수준을 준거로 하였다. 각 연구대상이 직업포부 질문에서 4점 이상 답한 직업목록을 뽑은 다음, 그 직업들 중 객관적 성유형 값(노동부 자료를 준거로 산출한 값)이 최고인 직업에서 최저인 직업을 뺀 차를 성유형 직업포부로 명명하였다. 동일한 방법으로 사회적 지위 직업포부를 구한 다음, 연령별 변화를 변령분석으로 확인하였다. 성유형 차이 값(직업포부) 및 사회적 직업 차이 값(직업포부)의 곱(면적)을 구하고, 연령에 따른 변화 및 성차를 이원변량 분석으로 확인하였다.

나. 연구결과

1) 주관적 성유형 및 사회적 지위를 적용한 결과

가) 연령에 따른 성유형 면에서의 직업포부 변화

주관적 성유형 및 사회적 지위의 학교 급별, 성별 평균 및 표준편차는 <표 10>과 같다.

<표 10> 주관적 성유형 및 사회적 지위 기술통계치

		성유형 차이			사회적 지위 차이			포부 면적		
		사례수	평균	표준편차	사례수	평균	표준편차	사례수	평균	표준편차
	남	104	2.3	1.5	103	2.6	1.3	103	7.2	6.1
중학생	여	75	2.7	1.2	75	2.7	1.1	75	7.5	4.9
	전체	184	2.5	1.4	183	2.6	1.2	183	7.4	5.6
	남	95	2.4	1.4	94	2.6	1.2	94	6.6	5.1
고등학생	여	94	2.7	1.1	94	2.7	1.0	94	7.4	4.4
	전체	189	2.6	1.2	188	2.6	1.1	188	7.0	4.8

각 평균의 차이를 그래프로 표현하여 알아보면, 주관적 성유형 면에서의 직업포부 차이는 [그림 13]에서 보는 바와 같다. 중학생에서 고등학생이 되면서 그 폭이 조금 커지는 것으로 나타났는데, 그 차이는 통계적으로 유의미하지는 않았다($F=.31$, $p>.05$). 성유형 면에서의 직업포부는 남학생보다는 여학생에서 높게 나타났는데($F=5.47$, $p<.05$), 남학생들에 비해 여학생들이 직업의 성유형에 대해서는 보다 폭넓은 가능성을 열어두고 있다고 할 수 있다.

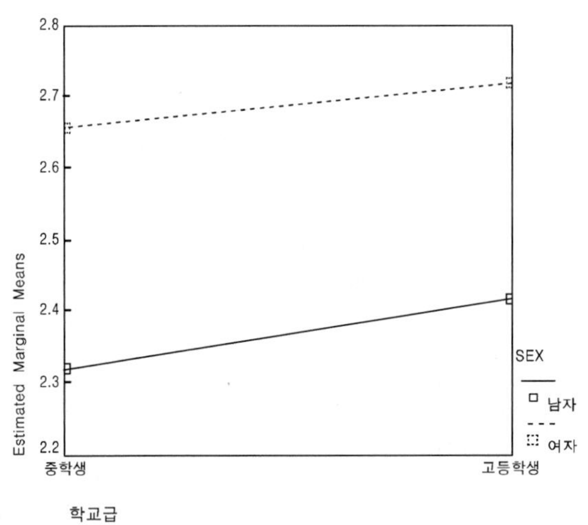

[그림 13] 주관적 성유형 면에서의 직업포부 변화

나) 연령에 따른 사회적 지위 면에서의 직업포부 변화

주관적 사회적 지위 면에서의 직업포부는 [그림 14]에서 보는 바와 같이 중학생에서 고등학생이 되면서 그 폭이 조금 줄어드는 것으로 나타났는데, 그 차이는 통계적으로 유의미하지는 않았다($F=.02$, $p>.05$). 사회적 지위 면에서의 직업포부는 남학생과 여학생에서도 통계적으로 유의미한 차이를 보이지 않았다($F=.74$, $p>.05$).

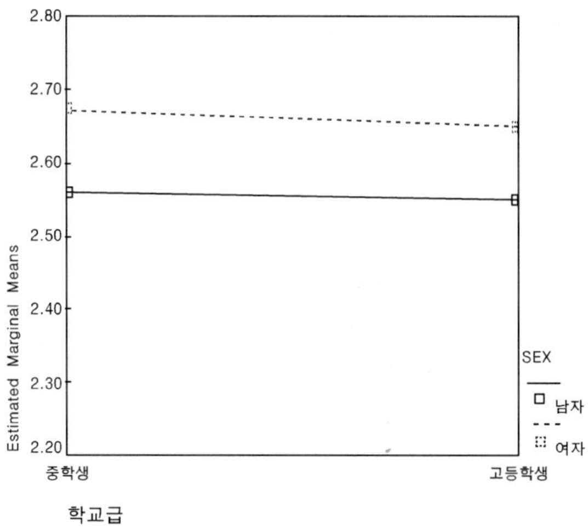

[그림 14] 주관적 사회적 지위 면에서의 직업포부 변화

다) 연령에 따른 성유형 및 사회적 지위 면에서의 직업포부 변화

주관적 성유형 및 사회적 지위 면에서의 직업포부는 [그림 15]에서 보는 바와 같이 중학생에서 고등학생이 되면서 그 폭이 조금 줄어드는 것으로 나타났는데, 그 차이는 통계적으로 유의미하지는 않았다(F=.40, $p > .05$). 성유형 및 사회적 지위 면에서의 직업포부는 남학생과 여학생에서도 통계적으로 유의미한 차이를 보이지 않았다(F=1.00, $p > .05$).

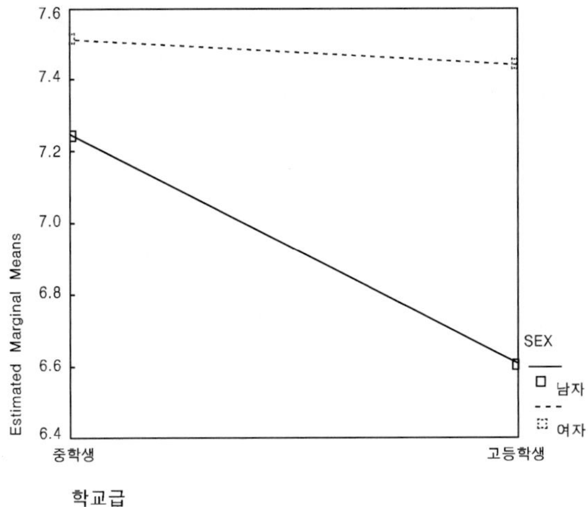

[그림 15] 주관적 성유형 및 사회적 지위 면에서의
직업포부 변화

2) 객관적 성유형 및 사회적 지위를 적용한 결과

가) 연령에 따른 성유형 면에서의 직업포부 변화

객관적 성유형 및 사회적 지위의 학교 급별, 성별 평균 및 표준편차는 <표 11>과 같다.

<표 11> 객관적 성유형 및 사회적 지위 기술통계치

		성유형 차이			사회적 지위 차이			포부 면적		
		사례수	평균	표준편차	사례수	평균	표준편차	사례수	평균	표준편차
중학생	남	103	72.3	29.1	104	241.3	106.8	103	19219.8	11128.5
	여	75	90.0	11.3	75	277.4	83.5	75	25464.2	8720.7
	전체	183	79.6	25.0	184	257.4	98.4	183	21879.6	10601.0
고등학생	남	95	75.3	23.7	96	253.6	88.8	95	20415.0	9354.6
	여	95	87.8	14.8	95	285.8	71.3	95	25562.6	7757.5
	전체	190	81.6	20.7	191	269.6	82.0	190	22988.8	8950.5

각 평균의 차이를 그래프로 표현하여 알아보면, 객관적 성유형 면에서의 직업포부 차이는 [그림 16]에서 보는 바와 같다. 남학생은 약간 상승하는 반면 여학생은 약간 감소하는 성차를 보이고 있지만($F = 44.50$, $p < .05$), 중학생에서 고등학생이 되면서 일어나는 이러한 변화는 통계적으로 유의미하지는 않았다($F = .04$, $p > .05$).

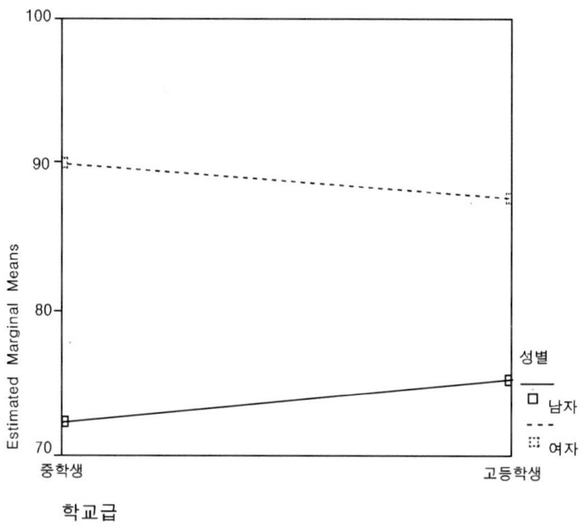

[그림 16] 객관적 성유형 면에서의 직업포부 변화

나) 연령에 따른 사회적 지위 면에서의 직업포부 변화

객관적 사회적 지위 면에서의 직업포부는 [그림 17]에서 보는 바와 같이 중학생에서 고등학생이 되면서 그 폭이 조금 커지는 것으로 나타났는데, 그 차이는 통계적으로 유의미하지는 않았다($F = 1.21$, $p > .05$). 사회적 지위 면에서의 직업포부는 남학생보다는 여학생에서 높게 나타났는데($F = 13.3$, $p < .05$), 남학생들에 비해 여학생들이 직업의 사회적 지위 면에서 보다 폭넓은 가능성을 열어두고 있다고 할 수 있다.

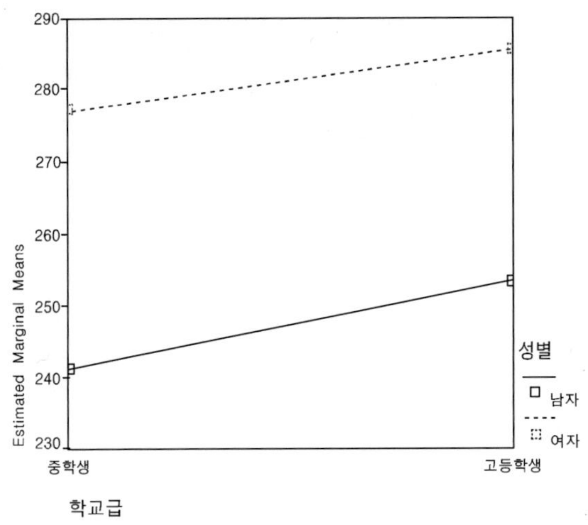

[그림 17] 객관적 사회적 지위 면에서의 직업포부 변화

다) 연령에 따른 성유형 및 사회적 지위 면에서의 직업포부 변화

객관적 성유형 및 사회적 지위 면에서의 직업포부는 [그림 18]에서 보는 바와 같이 중학생에서 고등학생이 되면서 그 폭이 조금 늘어나는 것으로 나타났는데, 그 차이는 통계적으로 유의미하지는 않았다(F =.43, p 〉.05). 성유형 및 사회적 지위 면에서의 직업포부는 남학생보다 여학생에서 조금 높이 나타나고 있고, 그 차이는 통계적으로 유의미하다(F =33.33, p 〈.05).

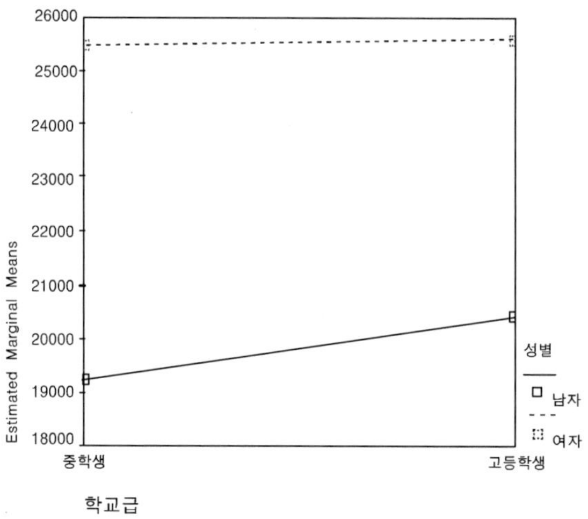

[그림 18] 객관적 성유형 및 사회적 지위 면에서의
직업포부 변화

다. 논 의

연구의 결과 우리나라 중·고등학생의 직업포부는 중학생 시기와
고등학생 시기에 따라 차이가 없는 것으로 드러났다. 주관적 측면에
서 볼 때 직업의 성과 사회적 지위에 따른 직업포부의 폭이 연령이
증가함에 따라 좁아지는 경향을 발견할 수 없었다. 객관적 측면에서
도 직업의 성과 사회적 지위에 따른 직업포부의 폭이 변화되지 않는
것을 확인하였다.

이는 한국의 초·중·고등학생의 진로인식의 발달에 관한 선행연
구(유정이 외, 2002; 황매향 외, 2003)에서 밝혀진 바, 한국의 중·고
등학생은 중학생 시기에 이르러서 직업의 성과 지위에 관한 개념이
안정되고 이것이 고등학교 시기에 큰 변화를 보이지 않는 것으로 밝

혀졌는데, 이 연구의 결과와도 일관된 것이라고 볼 수 있다. 즉 Gottfredson(1996)의 연구에서 보여준 직업선택 과정에서 보이는 "수용 가능한 진로대안 영역(zone of acceptable alternatives)"의 형성을 위한 제한의 과정이 중학교 시기와 고등학교 시기 간 차이가 없다는 것을 보여준다. 즉, 중학생 시기에 형성된 진로포부가 고등학교 시기에 더 이상 구체화되거나 축소되지 않은 채 대학에 입학하게 된다는 것을 의미한다. Gottfredson의 연구는 미국의 중·고등학생을 대상으로 이루어졌기 때문에 한국의 중·고등학생을 대상으로 한 이 연구는 서로 다른 결과를 보일 수 있다는 점을 감안하여 해석되어야 할 것이지만, 중·고등학교 시기를 지나면서 우리나라 중·고등학생의 경우 직업포부가 선택 가능한 영역으로 좁혀가는 활동이 부진하다는 것은 이 연구를 통해 확인할 수 있었다. 다만 우리나라 중·고등학생들이 진로대안을 탐색하는 방식이 Gottfredson이 가정하고 검증한 방식과는 다른 방식으로 일어나고 있는 것은 아닌지에 대한 면밀한 검토가 후속연구에 요청된다. 또한 직업포부가 직업선택을 결정하는 유일한 요인이라 할 수 없기 때문에 진로포부의 형성과정이 진로결정의 실제적인 과정과 얼마나 일치하는가에 대해서도 추후의 연구가 필요하다.

전체적으로 볼 때 여학생이 중학교와 고등학교 시기를 통틀어서 직업의 성유형과 사회적 지위의 측면에서 모두 남학생보다 높은 포부를 나타내었으며 그 폭이 고등학교 시기에도 줄어들지 않았다. 직업포부의 객관적 측면에서 성유형 및 사회적 지위 면에서 남학생이 비교적 일관성 있게 낮은 포부수준을 가지는 것은 남학생이 여학생에 비해 유연성을 가지지 못한 것으로 해석된다. 직업의 성유형의 측면에서 남학생이 여학생보다 낮은 포부수준을 보이고 있는 것은 남성이 여성에 비해 성역할 개념에서 엄격한 기준을 가지는 것으로 해석할 수 있다. 여학생이 남학생보다 직업의 성역할이나 직업의 지위수준에서 보다 폭넓은 가능성을 열어두고 비교적 덜 제한하는 것으로 보인다. 직업의 지위 면에서도 남학생은 여학생에 비해 비교적 적은 범위의 직업범위만을 자신에게 허용하였는데, 이는 남성이 가정의 생계를 책임져야 하는 가장으로서의 역할개념에 얽매여 있기 때문이 아닌가라는 가정을 가질 수 있겠다. 이에 대한 보다 구체적인 검증이 뒷받침되어야 이러한 해석이 가능함은 말할 나위가 없다.

이 연구는 한국의 중·고등학교 학생들이 진로발달의 측면에서 발달지체 현상을 보이고 있음을 말해줄 뿐만 아니라 중·고등학생들의 진로발달을 촉진할 수 있는 진로교육, 진로지도, 진로상담이 체계적으로 공급될 필요가 있음을 보여준다. 각 개인의 진로발달과는 상관없이 중·고등학교 시기는 지속적인 진로선택이 이루어지는 시기이기 때문에 이와 같은 현상은 더욱 주목할 필요가 있다. 또한 이런 결과로 미루어 볼 때 많이 중·고등학생들이 자신의 진로결정 과정에서 어려움을 겪을 가능성은 매우 높고, 그 이유는 우선적으로 자기 자신에 대한 이해 특히 현실적인 직업세계와의 관련성 속에서의 자기 자신을 이해하는 능력의 부족이 그 원인일 수 있다고 볼 수 있다. 따라서 중·고등학생들을 위한 진로프로그램 구성에서는 이러한 특성을 고려하여, 현실적으로 적절한 진로포부를 형성에 초점을 두고 지속적인 교육활동이 필요하다고 할 수 있다. 연구의 결과에 따르면 진로의사결정에 대해 중·고등학생들이 스스로 해결해야 할 문제라고 생각하고 노력하기 보다는 부모 또는 교사에게 의존하여 이 문제를 해결해 버릴 가능성도 있어 보인다. 이러한 의존성도 진로지도 및 상담에서 다루어야 할 주요한 문제임을 시사받을 수 있다.

4 대학생의 진로인식 및 포부발달[4]

Gottfedson(1981, 1996, 2003)의 직업포부 발달이론의 적용가능성을 확인하기 위해 초등학생(유정이, 김지현, 황매향, 2002) 및 중·고등학생(황매향, 김지현, 유정이, 2003)의 직업포부 및 직업인식 발달연구가 선행된 바 있다. 이들 연구에서는, Gottfredson이 제안한 직업인지 지도의 내용은 미국 직업세계를 반영하고 있고, 직업인지 지도는 개인이 속한 사회·문화적 배경에 따라 차이가 있을 수 있어 현재 우리나라 직업의 성별 분포 및 사회적 지위 분포를 노동부(2002a) 직업지도(Job Map[5])를 기초로 직업인지 지도를 만들고, 이를 우리나라 초·중·고등학생들의 직업인식 발달의 준거로 함께 사용하였다. 중·고등학생이란 14~19세의 연령으로 Gottfredson의 이론에 의하면, 진로발달 과정에서 진로선택의 외적 기준이 되는 직업의 성별유형에 대한 인식과 직업의 사회적 지위에 대한 개념발달이 마무리 된 단계이다. 연구결과 우리나라 초·중·고등학생들은 남성들은 주로 어떤 직업에 종사하고 여성들은 주로 어떤 직업에 종사하는가에 관한 직업의 성역할에 대해 현실적인 지각을 가지고 있었다. Goffredson에 의하면 직업의 성역할에 대한 개념은 만 8세 정도에 형성되는데, 이 연구에 참여한 초등학교 5학년 이상의 청소년들은 모두 직업세계에서의 성역할에 대해 공통된 지각을 가지고 있었다.

---

4) 황매향·김지현·유정이 (2004). 대학생의 직업인식 발달연구. 아시아교육연구 제5권 제1호 pp.127-143
5) Job Map은 2001년 실시된 "산업·직업별 고용구조 조사" 결과로서 194개 산업과 389개 직업별로 자세한 임금, 종사자수, 남녀비율, 근속년수 등 자세한 노동시장 정보를 볼 수 있다.

그러나 직업의 사회적 지위 측면에 대한 우리나라 청소년들의 인식은 아직 충분히 발달하지 못한 것으로 밝혀졌다. Gottfredson을 비롯한 미국의 연구에서는 만 13세 경이면 직업의 사회적 지위에 대한 지각이 형성된다고 하지만, 우리나라 청소년의 경우는 그렇지 않은 것으로 나타났다. 직업의 사회적 지위에 대한 인식이 연령이 증가하면서, 그리고 남녀에 따라 달라지고는 있지만, 그 변화의 방향이 실제 직업세계의 지위 서열에 부합하지 않고 있었다. 즉, 우리나라 청소년들이 직업의 사회적 지위에 대해 현실적인 인식을 갖지 못하고 있다는 결론에 도달하게 되었다. 그러한 원인이 직업인식의 발달과정이 고등학교 이후 시기까지 늦춰지는 것은 아닌가라는 의문을 가지고 이 연구에 착수하게 되었다. 고등학교까지 지나친 입시위주 교육으로 자기 자신과 환경에 대한 탐색을 충분히 하지 못한 청소년들이 대학에 와서 그 발달과정을 거치게 될 가능성을 확인해 보고자 이 연구를 수행하였다. 따라서 이 연구에서 탐구하고자 하는 연구문제는 다음과 같다.

1. 대학생의 직업에 대한 포부수준은 남녀 간 차이가 없을 것이다.
2. 대학생은 직업의 성별유형에 대해 남녀에 상관없이 공통된 개념을 형성할 것이다.
3. 대학생은 직업의 지위수준에 대해 남녀에 상관없이 공통된 개념을 형성할 것이다.
4. 직업지도 연구에서 밝혀진 직업인지 지도는 한국의 대학생에게도 일치하게 나타날 것이다.
   1) 실제적 유형의 직업은 낮은 지위-남성적 유형으로 나타날 것이다.
   2) 탐구적 유형의 직업은 높은 지위-중성적 유형으로 나타날 것이다.

3) 기업적 유형의 직업은 중간 지위-중성적 유형으로 나타날 것이다.

4) 사회적 유형의 직업은 중간 지위-여성적 유형으로 나타날 것이다.

5) 관습적 유형의 직업은 낮은 지위-여성적 유형으로 나타날 것이다.

6) 예술적 유형의 직업은 중간 지위-중성적 유형으로 나타날 것이다.

가. 연구방법

1) 연구대상

이 연구는 국내 대학 3개 학교에 재학 중인 남자 대학생 127명과 여자대학생 81명을 대상으로 수행되었다. 질문지는 교양 강의의 담당 강사에 의해 실시되었다.

2) 연구도구

직업에 대한 대학생들의 포부수준, 직업의 성유형에 대한 지각 및 직업의 사회적 지위에 대한 지각을 알아보기 위하여 연구자들이 직접 질문지를 제작하였다. 질문지 제작을 위해 청소년 직업흥미 검사(노동부, 2000, 2002b)의 71가지 직업목록을 선택하였다. 여기에서는 실재적 직업(목수, 건설업자, 트럭 운전사, 공장노동자, 경찰관, 엔지니어, 군장성, 방사선기사), 탐구적 직업(물리학자, 화학자, 생물학자, 컴퓨터 프로그래머), 예술적 직업(사진가, 작가, 상업예술가), 사회적 직업(사회복지사, 학교상담자, 초등학교 교사, 간호사), 기업적 직업(경영마케팅 담당자, 판매자, 보험설계사), 관습적 직업(비서, 접대원, 교환수, 은행창구직원, 회계사, 변호사)등이 포함되어 있다. 구체적인 질문지의 내용은 다음과 같다.

직업포부 질문

직업포부 질문에서는 71개의 제시된 직업에 대해 "장래에 내가 이 직업을 가지고 싶다고 생각하는 정도"를 '전혀 가지고 싶지 않다', '가지고 싶지 않은 편이다', '그저 그렇다', '가지고 싶은 편이다', '매우 가지고 싶다'의 5점 척도로 표시하게 하였다.

직업지위 질문

직업지위 질문에서는 제시된 71개의 직업에 대해 "사람들이 이 직업을 가진 사람을 존경하는 정도"를 판단하여 '전혀 존경하지 않는다', '존경하지 않는 편이다', '그저 그렇다', '존경하는 편이다', '매우 존경한다'의 5점 척도로 표시하게 하였다.

남성여성 직업질문

남성여성 직업질문에서는 제시된 71개의 직업에 대해 "이 직업이 전통적으로 남자·여자들의 직업이라고 생각하는 정도"를 판단하여 '매우 남성적이다', '남성적인 편이다', '그저 그렇다', '여성적인 편이다', '매우 여성적이다'의 5점 척도로 표시하게 하였다.

3) 분석방법

학생들이 이미 잘 알고 있는 직업 71개에 대해서 희망 정도, 성별유형, 지위수준을 각각 5점 척도로 평가하도록 하였다. 직업포부, 직업의 성유형, 직업의 사회적 지위에 대한 남학생과 여학생들이 얼마나 일치된 지각을 하고 있는지 밝히기 위해 평균에 대한 차이 검증 및 상호상관 계수를 계산하였다.

각 직업군의 남녀 학생들의 평균점을 X(성별유형) * Y(지위수준)의 좌표 상에 표시하고 그 분포가 노동부(2002a)의 직업지도와 일치하는지를 평가하였다. 남녀 학생 각각에 대해서 직업의 군집이 일치하는지를 평가하였다.

나. 연구결과

1) 직업에 대한 포부수준

각 직업에 따른 남학생들과 여학생들의 포부수준은 어느 한 쪽에 치우치지 않고 다양하게 나타났다. Holland(1997)의 직업유형별 남녀 학생의 포부수준을 분석한 결과는 <표 12>에 제시되어 있는데, 이에 따르면 실재적 유형의 직업과 탐구적 유형의 직업에 대해서는 남학생이 높은 포부를 나타낸 반면 사회적 유형의 직업에 대해서는 여학생의 포부수준이 유의미하게 높은 것으로 나타났다.

모든 직업에 대한 포부수준이 여학생이 남학생보다 상대적으로 높았던 초등학생의 경우(유정이, 김지현, 황매향, 2002), 모든 직업영역에서 남녀 간 차이를 보였던 중학생의 경우, 그리고 예술적, 사회적, 기업적 유형에서 여학생의 우세를 보였던 고등학생의 경우(황매향, 김지현, 유정이, 2003)와 비교했을 때 차이를 보인다. 즉 초등학교 시기에는 모든 직업분야에서 여학생들이 높은 포부수준을 보이다가 중·고등학교 시기에는 사회적, 예술적 영역에서 두드러진 남녀 차이를 보이고, 대학생 시기에는 현실적, 탐구적, 사회적 유형의 직업에서 차이를 보인다. 연령이 증가할수록 남학생들의 경우 우리나라 직업세계에서 남성들이 많이 종사하는 직업에 대한 포부가 높고, 여학생들의 경우 우리나라 직업세계에서 여성들이 많이 종사하는 직업에 대한 포부가 높은 것으로 나타났다.

<표 12> Holland의 직업유형별 남녀 대학생의 취업 포부수준

Holland의 직업유형	남 자			여 자		
	사례수	평 균	표준편차	사례수	평 균	표준편차
R[**]	127	2.19	0.82	81	1.66	0.64
I[*]	127	2.37	0.85	81	2.08	0.82
A	127	2.40	0.87	81	2.49	0.85
S[*]	127	2.49	0.75	81	2.70	0.76
E	127	2.70	0.71	81	2.55	0.60
C	127	2.33	0.78	81	2.44	0.84

[*] $p < .05$, [**] $p < .01$

2) 직업의 성유형 및 사회적 지위에 대한 지각

우리나라 대학생들이 직업의 성별유형과 지위수준에 대해 남녀에 상관없이 공통된 개념을 형성하고 있는지 알아보기 위해, 먼저 선정된 71개 직업에 대해 각각 남녀별로 그 성별유형 점수와 지위수준 점수의 평균을 구한 다음, 남녀 집단 간 상관관계를 알아보았다. 그 결과 대학생들은 <표 13>에서 보는 바와 같이, 남학생과 여학생 간 직업의 지위에 대한 인식의 상관이 .961, 직업의 성별에 대한 인식의 상관은 .955로 높게 나타났다. 즉 남학생과 여학생 간 직업의 지위와 성별에 대해 매우 일치된 인식을 가지고 있다고 할 수 있다.

이는 초등학생 남녀 간 성별에 대해서는 .96의 일치도를, 직업지위에 대해서는 .90의 일치도를 보였고, 중학생은 각각 .94, .87로, 그리고 고등학생은 각각 .98과 .86의 일치도를 보였던 것과 비교할 때, 대학생이 되면서 지위에 대한 인식 일치도가 더 높아지고 있다고 할 수 있다.

<표 13> 직업의 성별유형 점수와 지위수준 점수의 남녀 집단 간 상관관계

	지위(남자)	지위(여자)	성별(남자)	성별(여자)
지위(남자)	1.00	.961**	.416**	.262*
지위(여자)		1.00	.360**	.214
성별(남자)			1.00	.955**
성별(여자)				1.00

* $p<.05$, ** $p<.01$

한편 <표 14>은 대학생 남녀별로 가장 남성적인 혹은 가장 여성적으로 인식한 직업 5개씩을 보여주고 있으며, <표 15>는 남녀 대학생별로 지위수준이 가장 높은 것으로 응답한 직업 5개씩을 보여주고 있다.

<표 14> 대학생이 인식한 남성적인 직업과 여성적인 직업

순 위	남학생		여학생	
	남성적 직업	여성적 직업	남성적 직업	여성적 직업
1	형 사	보 모	형 사	보 모
2	경호원	간병인	경찰관	유치원교사
3	소방관	비 서	자동차정비사	비 서
4	경찰관	호스피스	소방관	간병인
5	대표이사	보험설계사	경호원	계산원

〈표 15〉 대학생이 인식한 가장 높은 지위의 직업

순 위	남학생	여학생
1	의학자	의학자
2	회사경영자	약학자
3	대표이사	대표이사
4	호텔경영자	호텔경영자
5	약학자	회사경영자

위의 결과를 통해 볼 때, 이 연구에 참여한 남녀 대학생들은 그들의 성에 관계없이 직업의 성별유형과 지위수준에 대해 유사한 개념을 형성하고 있음을 보여주고 있다. 그리고 노동부(2002a)에서 제시한 우리나라 직업지도에 근거한 실제 우리나라 직업세계의 남성 지배적 직업, 여성 지배적 직업, 높은 지위의 직업과 비교해 보면, 대체로 유사하다.

이런 결과를 초등학생의 연구결과(유정이, 김지현, 황매향, 2002)와 비교할 때 남성적인 직업과 여성적인 직업에 대한 인식은 크게 달라지지 않았지만 지위에 대한 인식은 많은 변화를 보여준다. 즉 초등학생 연구에서 소방관, 경찰관, 형사, 응급구조원을 가장 지위가 높은 직업으로 인식하였던 반면 대학생들은 의사, 경영자등을 높은 지위로 인식하는 등 지위가 높다는 것을 "힘" 기준에서 "사회경제적 지위" 기준으로 인식해 나가는 과정을 보여준다고 할 수 있다.

3) 직업인지 지도

대학생들이 각각 개별 직업의 성별유형과 지위수준에 대해 남녀에 상관없이 공통된 개념을 형성하고 있는지 확인하기 위해 학생들의 직업인식을 직업인지 지도에 나타내 봄으로써 알 수 있다. Holland의 6개 직업유형으로 나타낸 대학생의 직업인지 지도는 [그림 19], [그림 20], [그림 21]와 같이 나타났다. 이를 [그림 22]의 우리나라 직업지도와 비교하여 대학생들의 직업인식이 어느 정도 현실을 반영하고 있는지 파악할 수 있다.

각 직업의 성역할 유형에 대한 대학생의 지각을 살펴보면, 실재적 유형(R)-탐구적 유형(I)-기업적 유형(E)-관습적 유형(C)-예술적 유형(A)-사회적 유형(S)의 순서로 여성적인 직업으로 인식하였다. R-I-E-C-A-S의 순서는 이미 초등학생들의 직업인지도에서 일치되게 발견된 바 있고, 중·고등학생을 대상으로 한 연구에서도 일치하게 나타났다. 즉, 직업의 성역할에 대한 개념은 초등학교 고학년 정도에 형성되고 발달과정을 통해 계속 지속되고 있음을 알 수 있다.

반면 직업의 지위에 관한 인식은 학령과 성별에 따라 꾸준히 변화하는 것으로 확인되었다. 대학생들의 직업의 사회적 지위에 대한 지각 연구결과에서는 탐구적 유형(I)-사회적 유형(S)-기업적 유형(E)-예술적 유형(A)-실재적 유형(R)-관습적 유형(C)의 순서로 직업의 지위가 높은 것으로 인식한다는 결과를 얻었다.

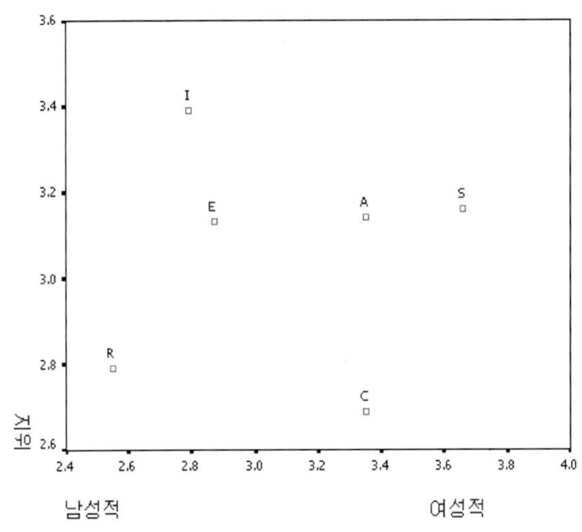

[그림 19] 대학생이 인식한 직업의 지위수준과 성별유형

96

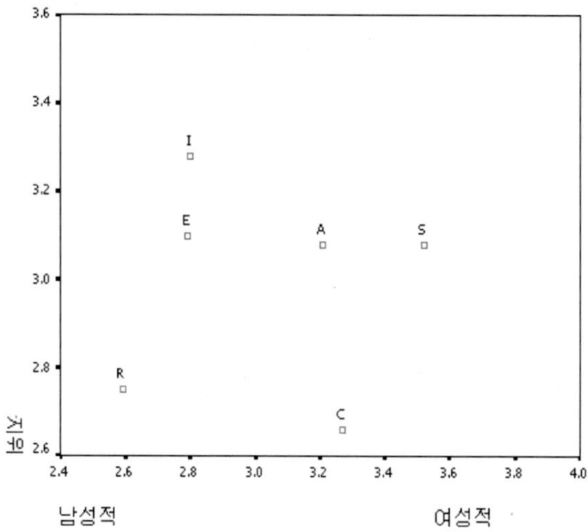

[그림 20] 남자 대학생이 인식한 직업의 지위수준과
성별유형

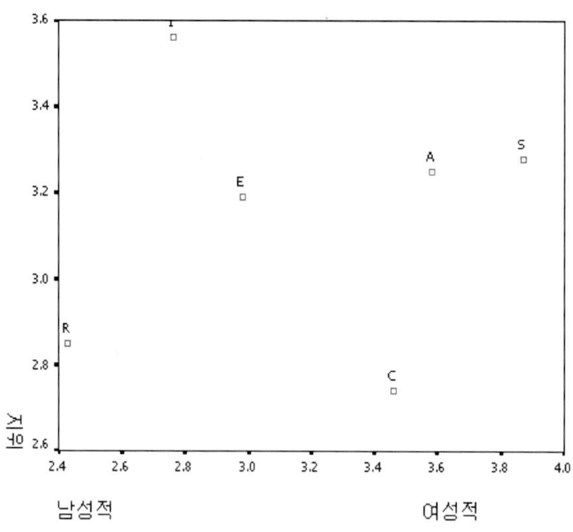

[그림 21] 여자 대학생이 인식한 직업의 지위수준과
성별유형

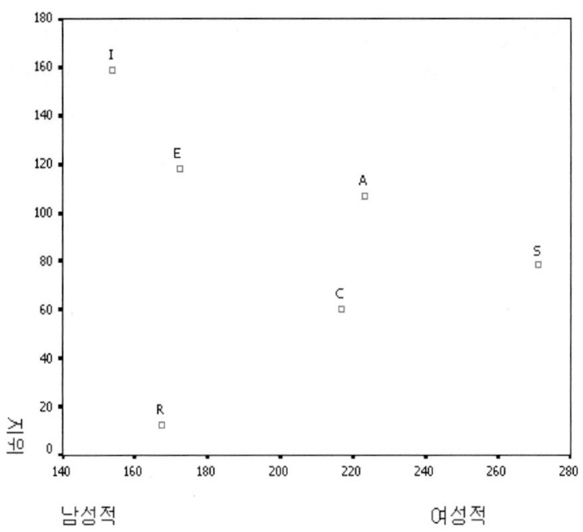

[그림 22] 노동부(2002a) 자료에 근거한 한국의 직업지도

선행연구 결과에서 초등학생의 경우, 남학생과 여학생이 모두 사회적 유형(S)를 가장 높은 지위로 보고, 기업적 유형(E)의 직업을 가장 지위가 낮은 직업으로 인식하였었다. 중학생의 경우는 남학생은 탐구적 직업(I)을 여학생은 사회적 직업(S)을 가장 지위가 높은 것으로 인식하였던 반면, 고등학생의 경우는 남학생의 경우 사회적 직업(S)을 그리고 여학생은 탐구적 직업(I)을 가장 높은 지위로 인식하였으며 중고남녀 학생 모두 관습적 유형(C)의 직업을 가장 낮은 지위로 인식하였다.

이를 종합하여 직업인식에 관한 발달적인 관점에서 본다면, 직업의 지위 면에서 사회적 유형(S)의 직업을 가장 높은 지위로 인식하다가 점차 사회적 유형(S)의 상대적 지위를 낮게 지각하는 변화를 보인다. 반면 가장 낮게 인식했던 기업적 유형(E)은 연령이 증가하면서 상대적 지위가 높은 것으로 인식하는 변화를 보인다. 그리고 이러한 변화들은 그 지위의 순서가 노동부(2002a) 직업지도와 비교해 볼 때 실제 직업들의 사회적 지위와 유사성이 깊어지고 있다(표 16). 결과적으로 보면, 학령이 높아질수록 남녀 간 직업의 인식에 대한 상관관계는 높아지고, 고등학생과 대학생의 직업에 대한 인식은 거의 일치하는 것으로 볼 수 있어 대학생에 이르러 직업에 대한 인식은 정착되는 것으로 보인다.

〈표 16〉 초·중·고·대학생의 직업지위 인식 비교

	지위가 높은 코드−지위가 낮은 코드
초등학생 전체	S-I-A-R-C-E
남 자	S-I-A-R-C-E
여 자	S-I-R-C-A-E
중학생 전체	I-S-R-A-E-C
남 자	I-S-R-E-A-C
여 자	S-I-A-E-R-C
고교생 전체	I-S-A-E-R-C
남 자	S-I-R-E-A-C
여 자	I-A-S-E-R-C
대학생 전체	I-S-A-E-R-C
남 자	I-E-S-A-R-C
여 자	I-S-A-E-R-C
노동부 직업지도	I-E-A-S-C-R
미국의 직업지도	I-S-A-E-C-R

특히 대학생들이 지각하고 있는 직업의 사회적 지위와 실제 직업세계에서의 직업지위 및 Goffredson(1996)이 제안한 직업지위와 비교해 보면, 중학생들이나 고등학생들보다는 현실적인 직업세계에 대해 잘 이해하고 있음을 알 수 있다. 남학생들의 직업지도는 노동부 직

업지도와 더 유사하고, 여학생들의 직업지도는 미국의 직업지도와 더 유사하다. 또한 직업에 대한 인식이 변화되고 있고, 이 연구결과로 현실세계와 보다 근접한 방향으로 발달하고 있다는 것을 추론할 수 있다.

다. 논 의

Gottfredson(1981, 1996)은 직업포부 발달이론을 통해 사람들은 공통적으로 가지는 직업의 이미지가 있으며 이에 근거하여 자신에게 어울리는 직업의 선택 가능 영역을 구체화하고 좁혀 나감으로써 최종적인 선택에 이른다는 것을 보여주었다. 이 과정을 서열획득 단계, 성역할획득 단계, 사회적 가치획득 단계, 그리고 내적인 자아획득 단계로 구분하여 설명하고 있다. 이 단계를 통해 형성된 직업의 인지지도는 남성성 / 여성성, 직업의 지위수준, 일의 영역의 세 가지 차원으로 구성된다. 이와 같은 Gottfredson이 제안한 진로발달 과정이 우리나라 청소년의 진로발달에서도 나타나는지를 검증해 본 선행연구(유정이, 김지현, 황매향, 2002; 황매향, 김지현, 유정이, 2003)에서 우리나라 청소년들의 경우 성역할획득 단계를 거친 이후 사회적 가치획득 단계에 정착하지 못하는 것으로 나타났다. 따라서 진로포부 역시 안정적으로 발달하는 모습을 발견하기 보다는 다소 혼란스러워하고 있음을 알 수 있었다. 이러한 결과는 고등학교까지 지나친 입시위주 교육으로 인해 자기 자신에 대한 성찰이나 외부세계에 대한 탐색의 기회를 충분히 갖지 못한 청소년들이 진로발달 면에서 그 시기가 늦어지고 있을 가능성에 기인할 수 있다. 그렇다면 대학생들의 직업포부 및 직업인식은 보다 개인의 특성을 반영하면서 현실적일 수 있고, 이러한 가정 아래 이 연구가 수행되었다. 이 연구의 결과와 그 시사점을 정리해 보면 다음과 같다.

첫째, 우리나라 대학생들의 직업포부는 자신의 남성적 특성 및 여성적 특성을 잘 반영하고 있다. 남성들이 많이 종사하는 실재적 유형(R)과 탐구적 유형(I)의 직업들에 대해서는 남학생들이 더 높은 직업포부를 보였고, 여성들이 많이 종사하는 사회적 유형(S)의 직업들에 대해서는 여학생들이 더 높은 직업포부를 보였다. 이는 모든 직업에서 여학생의 직업포부가 높던 초등학생이나 고등학생, 그리고 6가지 모든 영역에서 직업포부의 남녀 차이를 보였던 중학생들보다 현실을 더 잘 반영하고 있다고 할 수 있다.

둘째, 남성들은 주로 어떤 직업에 종사하고 여성들은 주로 어떤 직업에 종사하는가에 관한 직업의 성역할에 대해서는 초등학생들부터 일관되게 현실적인 지각(실제 노동시장의 여성인력 비율의 서열과도 거의 일치)을 가지고 있었고, 대학생들에게서도 여전히 직업의 성유형에 대한 현실적 지각을 유지하고 있음을 확인했다. 성역할에 대한 개념은 만 8세 정도에 형성된다는 Goffredson(1996)의 주장을 지지하고 있다.

셋째, 직업의 사회적 지위 측면에 대한 우리나라 대학생들의 인식은 대체로 현실을 반영하는 것으로 밝혀졌다. Gottfredson을 비롯한 미국의 연구에서는 중학생 정도면 직업의 사회적 지위에 대한 지각이 형성된다고 하지만(예, Lapan & Jingeleski, 1992; Parker et al., 1995), 우리나라 청소년의 경우는 그렇지 않은 것으로 나타난 것이다. 직업의 사회적 지위에 대한 인식이 연령이 증가하면서, 그리고 남녀에 따라 달라지고는 있지만, 그 변화의 방향이 실제 직업세계의 지위 서열에 부합하는 것은 대학생 시기에 이르러야 하는 것으로 나타났다. 우리나라 청소년들이 대학생이 되어서야 직업의 사회적 지위에 대해 현실적인 인식을 갖게 된다는 사실은 진로지도 및 진로상담에 중요한 정보를 제공하고 있다. 아직 직업의 사회적 서열에 대한 개념도 제대로 형성되지 않은 우리나라 청소년들의 경우, 자신의 흥미나 가치관 또는 적성들을 직업포부에 반영하지 못할 가능성이 크다. 보다 쉽게 지각될 수 있는 외부세계에 대한 이해가 자기 자신의 내부세계에 대한 이해보다 선행된다는 점을 고려할 때 이 가능성을 배제할 수 없다. 즉, 진로상담 프로그램의 전형적인 구성인 '자기탐색 → 직업탐색 → 의사결정 → 준비행동'의 활동들이 제대로 이루어지지 못할 수도 있다. 따라서 앞으로 청소년을 대상으로 하는 진로상담 프로그램에서는 청소년의 현재 발달단계를 확인하고, 그 단계에 맞는 활동으로 프로그램 내용을 구성해야 할 것이다. 예를 들어 진로 또는 직업선택 과정보다 직업세계에 대한 보다 체험적이고 전반적인 이해나 일(직업)에 대한 올바른 가치 및 태도 형성 등이 선행되어야 할 것이다. 또한 고등학생들의 진로지도를 촉진하는 '진로' 교과에서도 직업의 사회적 지위, 그 분배의 원리와 변화의 원리 등을 학습할 기회를 제공하는 것이 바람직하다. 나아가 대학생들을 위한 진로지도 내용에도 직업세계에 대한 보다 객관적이고 폭넓은 이해를 촉진할 수 있는 내용이 포함되어야 할 것이다.

마지막으로 이 연구는 여러 제한점을 가지고 있으므로 그 결과의 현실적용에 있어서 주의를 요한다. 먼저, 이 연구에 포함된 연구대상은 발달 현상에 대한 일반적 이해를 하기에 제한점이 있다. 연령집단을 대학생집단으로 설정함으로써 연구대상 내 연령변인을 고려하지 못했다는 점, 각 연령집단의 특성을 골고루 반영할 수 있는 유층표집을 적용하지 못한 점 등이다. 또한 청소년들이 가진 직업인식과 각자의 직업포부 내용의 관련성에 대한 검토는 이루어지지 못하였다. 진로상담 실제에 보다 구체적인 지침을 제공하기 위해서는 이러한 관련성에 대한 후속연구가 필요할 것이다.

제 3 장
대학 및 학과 선택에서의 타협과정

　　이 연구는 진로의사결정에서 나타나는 타협과정을 실제의사 결정 내용을 통해 검토해 보는 것을 목적으로 하였다. 타협과정에 관한 연구동향을 살펴보면 타협과정에서 나타나는 개인 간 차이에 관한 연구가 진로의사결정영역에서 필요함을 알 수 있었다. 특히 Vandiver와 Bowman(1996)은 Gottfredson의 모델이 경직되어 있어 타협과정에서 나타나는 개인별 차이를 설명하지 못하고 있다고 비판한다. 이들은 각 타협측면의 중요성은 개인에 따라 다를 수 있다고 주장하고 있다. 즉 타협과정에서의 타협측면의 우선순위가 모든 사람에게 동일한 것이 아니라 개인에 따라 다르다는 것이다. 어떤 사람은 자신의 적성영역보다 사회적인 지위를 더 쉽게 포기할 수 있는 반면, 어떤 사람은 진로대안의 사회적 지위가 자신의 적성영역과의 일치도보다 더 중요할 수 있다. 타협측면의 상대적 중요성이 개인에 따라 다르다면, 사람들의 타협행동을 사회적 지위의 축과 적성의 축으로 분류해 볼 수 있다. 즉, 타협행동은 1) 무타협, 2) 적성타협, 3) 사회적 지위타협, 4) 전체타협의 네 가지 서로 다른 형태로 분류해 볼 수 있다(그림 23).

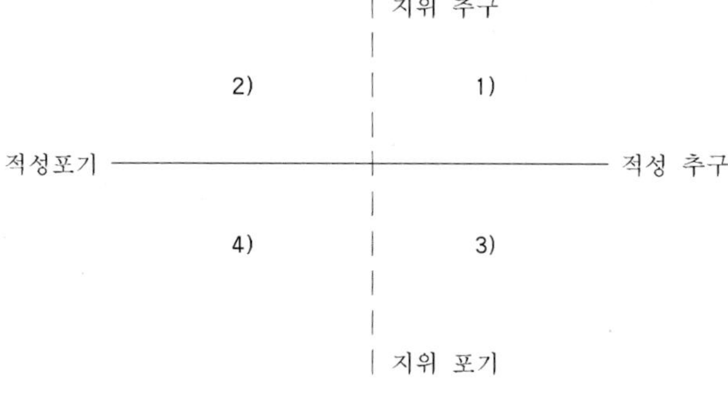

[그림 23] 타협과정에 관한 이차원적 유형화

제1유형인 무타협 유형에 속하는 사람은 현실적으로 가능한 진로 기대를 가지고 있으므로 의사결정 시점에서 어떤 측면도 타협할 필요가 없을 것이다. 제2유형 적성타협 유형에 속하는 사람은 진로대안의 사회적 지위를 위해 자신의 적성이나 흥미와 일치하는 대안을 포기하는 사람이다. 제3유형 사회적 지위타협 유형에 속하는 사람은 이와는 반대로 자신의 적성이나 흥미에 맞는 진로대안을 선택하기 위해 사회적 지위가 높은 진로대안을 포기한다. 마지막 제4유형인 전체타협 유형에 속하는 사람은 적성과 사회적 지위를 모두 조금씩 포기하면서 진로의사결정을 내린다.

이 연구는 대학 및 학과 선택의 진로의사결정에서 나타나는 타협 과정을 이와 같은 네 가지 타협유형의 틀을 가지고 이해해 보고자 하였다. 대학 및 학과 선택에서 사회적 지위라는 개념에는 대학의 사회적 명성 측면과 학과 인기도라는 말로 지칭되는 학과가 상징하는 사회적 지위나 인지도가 포함된다. 그리고 진로영역에 대한 적성이라는 개념에는 대학과는 상관없는 학과에 대한 자신의 소질, 적성, 흥미 등이 포함된다.

지금까지 타협과정에 관한 연구들은 타협측면의 중요도를 일차원적인 순위로 조망하고 있으므로 연구자가 고안한 타협행동에 대한 타협측면별 이차원적 분류는 새로운 시도이다. 따라서 이러한 연구의 관점은 그 타당성을 확인해 볼 필요가 있다. 이를 위해 연구자는 예비연구를 실시하였고, 예비연구의 결과는 사회적 지위와 적성이라는 타협측면의 이차원적 분류 틀의 적용가능성을 입증해 주었다. 또한 예비연구의 결과는 두 가지 측면에서 새로운 연구의 방향을 제시해 주었다. 첫째, 우리나라 청소년들의 대학 및 학과 결정에 나타나는 타협과정을 이해하기 위해서는 대학입학 제도의 특징을 고려해야 한다는 점이다. 이 연구에서 고려해야 할 대학 및 학과 의사결정 과정의 중요한 한 가지 특징은 여러 의사결정 단계가 포함된다는 사실이다. 즉, 우리나라 학생들은 대학 및 학과를 결정하는 과정에서 단 한번 의사결정을 하는 경우도 있지만, 여러 단계의 의사결정 단계를 거치는 경우도 있다는 점이다. 학생들이 수시지원 방법으로 대학에 진학하거나 한 대학에만 지원할 경우, 지원할 대학과 학과를 정하는 시점에서만 의사결정을 하게 된다. 그러나 수시지원과 정시지원에 모두 지원하거나 복수지원 방법으로 정시에 응시할 경우, 학생들은 적어도 두 번 이상의 의사결정 단계를 거쳐 진학할 대학과 학과를 결정한다. 먼저 복수지원할 대학과 학과를 정하는 의사결정을 하고, 합격여부가 밝혀진 이후 합격한 학교 가운데 자신이 진학할 학교를 정하는 의사결정을 다시 한다. 그리고 예비연구에서 수집된 학생들의 지원 및 진학 자료에서 각 의사결정 단계에서 나타나는 타협형태가 다르다는 것을 발견할 수 있었다. 따라서 우리나라 대학진학 의사결정에서 나타나는 타협과정을 이해하기 위해서는 이와 같이 단일단계가 아닌 다단계로 일어나는 의사결정 과정을 모두 검토해 보아야 할 것이다.

둘째, 예비연구 결과는 사회적 지위를 구성하는 대학의 명성과 학과의 인기도가 사회적 지위라는 동일한 범주에 속하지만, 타협의 과정에서는 서로 다른 측면으로 고려된다는 것을 시사하고 있다. 예를 들면, 대학의 명성을 포기할 때 학과의 인기도를 함께 포기하기보다는, 대학의 명성만 포기하거나 학과의 인기도를 오히려 높인다. 따라서 대학과 학과를 결정하는 의사결정에서 나타나는 타협과정을 이해하기 위해서는 대학의 명성과 학과의 인기도를 서로 다른 타협측면으로 고려해야 한다. 이 연구에서는 사회적 지위 내에서의 대학의 명성과 학과인기도의 상대적 중요성을 파악하고, 여기에 적성이라는 새로운 측면을 추가하여 타협과정을 분석해 볼 것이다. 대학의 명성, 학과의 인기도, 적성이 모두 타협과정에 중요하게 고려되는 요소로 확인된다면, 대학의 명성, 학과의 인기도, 적성의 세 측면을 기준으로 타협과정을 논리적으로 도출할 것이다. 즉, 대학명성＋학과인기도＋적성전체 추구, 대학명성 추구, 학과인기도 추구, 적성추구, 대학명성＋학과인기도 추구 (적성포기), 대학명성＋적성추구(학과인기도 포기), 학과인기도＋적성추구 (대학명성 포기), 대학명성＋학과인기도＋적성전체 포기의 여덟 가지 유형을 확인하고 분포를 검토해 보고자 한다.

지금까지 타협과정에 관한 선행연구와 예비연구의 결과에서 나타난 대학진학 의사결정의 독특성을 살펴보았다. 이에 근거하여 설정한 연구문제는 다음과 같다.

첫째, 대학에 복수지원한 학생들의 의사결정 과정을 지원단계 의사결정(지원할 대학 및 학과를 선택하는 단계)과 최종결정 단계 의사결정(합격한 대학 및 학과들 가운데 진학할 대학을 선택하는 단계)으로 나누어 그 타협과정을 검토한다. 학생들이 각 단계에서 어떤 방식으로 타협해 나가는지, 그리고 그 두 단계의 타협과정은 어떤 관련성을 갖는지 확인할 것이다. 타협과정을 보다 명료하게 이해하기 위해 사회적 지위를 구성하는 대학의 명성과 학과의 인기도가 타협과정에서 갈등하는 양상을 먼저 분석할 것이다.

둘째, 지원단계 의사결정과 최종결정 단계 의사결정에서의 적성의 역할을 분석한다. 각 의사결정 단계에서 서로 다른 타협과정을 거쳐 결정된 진로대안들의 적성일치도 점수로 적성의 기여도를 예측해 볼 수 있을 것이다.

셋째, 복수지원자들의 대학지원 및 결정행동에는 여러 가지 전략이 관여한다. 또한 복수지원자들은 진로상담 및 지도현장에서 더 많은 도움을 필요로 하는 학생들일 가능성이 크다. 따라서 이들의 타협행동과 타협결과에 대한 적응의 관련성을 밝힐 수 있다면 진로상담 실제에 주는 시사점이 클 것으로 기대된다. 따라서 진로영역의 적응지표가 되는 학과만족도, 진로준비 행동, 진로변경 의사가 타협행동별로 어떤 차이가 있는지 확인할 것이다. 여기에서 학과만족도는 교과만족, 관계만족, 일반만족, 인식만족, 학교만족의 하위요인으로 구성되는 개념으로(하혜숙, 2000), 학생들이 자신이 선택한 대학 및 학과에 대해 얼마나 만족한가를 보여주어 타협의 측면이 적은 학생들의 학과만족도가 여러 측면에서 타협한 학생들의 학과만족도보다 높을 것이다. 진로준비 행동은 "합리적이고 올바른 진로결정을 위해서 수행해야 하는 행동 및 진로결정이 이루어진 이후에 그 결정 사항을 실행하기 위한 행위"로 정의된다(김봉환, 1997). 이 연구의 대상인 대학신입생의 경우 진로결정이 이루어진 이후의 진로준비 행동은 개인 간 변별력이 떨어질 것으로 예상되므로 합리적이고 올바른 진로결정을 위해서 수행해야 하는 행동에 초점을 두고자 한다. 진로준비 행동의 경우 대학의 지위보다는 학과의 인기도나 적성을 더 중요하게 고려한 타협유형들에서 높게 나타날 것으로 예상한다.

마지막으로, 이와 같이 사회적 지위 내 대학명성과 학과인기도의 갈등, 사회적 지위와 적성의 갈등에 대한 분석을 마치면, 대학의 명성, 학과의 인기도, 적성일치도를 동일차원에 두고 타협과정을 분석해 볼 것이다. 지원방식에 상관없이 학생들이 대학을 지원할 당시 가장 진학하기를 원했던 대학 및 학과와 최종적으로 진학하게 된 대학 및 학과의 대학명성, 학과인기도, 적성을 비교하여 어떤 측면에 타협을 한 결정인지 분류해 볼 것이다. 대학의 사회적 지위, 학과의 인기도, 학과에 대한 개인의 적성일치도의 차원을 중심으로 ① 무타협(모두 추구)유형, ② 대학명성 추구유형, ③ 학과인기도 추구유형, ④ 적성추구 유형, ⑤ 적성타협(적성포기, 지위·인기추구) 유형, ⑥ 학과인기도 타협(인기포기, 지위·적성추구)유형, ⑦ 대학명성 타협(지위포기, 인기·적성추구)유형, ⑧ 전체타협(모두 포기) 유형의 8가지 타협유형을 정의할 것이다. 지금까지 제시한 이 연구의 연구문제를 요약하면 아래와 같다.

1) 지원단계와 최종결정 단계에서 나타나는 타협과정의 특성을 사회적 지위의 측면(대학의 명성, 학과의 인기도)에서 밝힌다.
2) 지원단계와 최종결정 단계에서 나타나는 타협과정의 특성을 적성일치도의 측면에서 밝힌다.
3) 타협결과에 대한 적응도가 최종결정 단계 타협전략에 따라 차이가 나는지 확인한다.
4) 희망 대학 및 학과와 재학 대학 및 학과의 대학의 명성, 학과의 인기도, 적성일치도 차이에 근거한 8가지 타협유형화를 시도하고 그 적용가능성을 검토한다.

1 예비 연구

　이 연구에서 목적으로 하는 타협행동을 검토하는 절차는 선행연구를 통해 충분히 검증되지 않았다. 이에 연구자는 타협과정 탐구의 절차적 적절성을 확인하기 위해 예비연구를 실시하였다. 이 연구의 대상인 대학생을 가능한 다양하게 표집하여 다양한 타협행동이 포함될 수 있도록 하였고, 진로의사결정에서 나타나는 타협과정에 관한 선행연구의 여러 절차에 근거하여 연구방법을 고안하였다.

　먼저, 타협과정에 관한 기존의 실증적 연구에서 많이 사용되고 있는 시뮬레이션이나 시나리오 방법의 원리에 기초하여 각 진로대안에 대한 타협측면에서의 선호도차이를 활용하였다. 대학과 학과를 결정할 당시 자신이 가장 진학하기를 원했던 대학 및 학과(희망 대학 및 학과)에 대한 대학명성 점수, 학과인기도 점수, 적성일치도 점수와 현재 재학 중인 대학 및 학과(재학 대학 및 학과)에 대한 대학명성 점수, 학과인기도 점수, 적성일치도 점수를 각자 부여하게 하였다. 희망 대학 및 학과에 부여된 점수와 재학 대학 및 학과에 부여된 점수의 차이로 타협점수를 계산하여 타협유형을 결정하였다. 각 유형의 성별, 학교 특성별 분포차이가 선행연구의 결과와 일관되는지 확인하였다. 그리고 객관적으로 부여할 수 있는 대학의 지위 점수, 학과의 인기도 점수, 적성일치도 점수로 타협유형을 정하는 절차로 타협 유형을 정한 결과를 비교하여 타협과정 탐구의 절차적 타당성을 확보하였다.

가. 예비연구 연구대상

예비연구를 위해 각기 다른 수준의 4개 대학에서 연구대상을 표집하였다. 서울소재 높은 수준 대학(A대)과 낮은 수준 대학(B대), 지방소재 대학은 지방이면서 학교의 특수성으로 인해 그 지방이 아닌 타지역 학생들도 지원을 많이 하는 C대학교를 선택하였다. 보다 인기도가 높은 학과를 다니기 위해 서울이 아닌 지방대로 진학할 수밖에 없었던 학생들인 D대학교 ○○학과 학생들은 특히 지위타협 집단이라고 간주하고 연구대상으로 선정하였다. 성별, 학년별, 학과별로 골고루 표집하기 위해 각 학교의 교양강좌를 수강하고 있는 학생들에게 질문지를 실시하였다.

〈표 17〉 예비연구 연구대상의 학교별 남학생 / 여학생 비율

	남학생(%)	여학생(%)	전　체
A 대학교	24(38.1)	39(61.9)	63
B 대학교	61(53.0)	54(47.0)	115
C 대학교	75(60.0)	50(40.0)	125
D 대학교	17(58.6)	12(41.4)	29
전　체	177(53.3)	155(46.7)	332

〈표 18〉 예비연구 연구대상의 학교별 학년 분포

학　교	1학년(%)	2학년(%)	3학년(%)	4학년(%)	전　체
A 대학교	42(66.7)	10(15.9)	4(6.3)	7(11.1)	63
B 대학교	39(33.9)	41(35.7)	14(12.2)	21(18.3)	115
C 대학교	3(2.4)	16(12.8)	102(81.6)	4(3.2)	125
D 대학교	29(100.0)				29
전　체	113(34.0)	67(20.2)	120(36.1)	32(9.6)	332

A대학교의 경우 특정 단과대학 학생들이 대다수 표집되었고, C대학교의 경우 3학년 학생들이 상대적으로 많이 표집되어 연구자의 계획과는 다소 차이가 있었다. 연구대상의 성별, 학교별, 학년별 분포는 <표 17>, <표 18>에 각각 정리하였다. D대학교에서는 특정 학과 학생들만 표집하여 학생수가 상대적으로 적고, 남녀 비율은 학교별로는 다소 차이가 있으나 전체적으로 거의 동일한 비율의 구성이다.

나. 예비연구 연구도구

인적사항과 대학 및 학과 선택 내용으로 구성된 "대학생 진로의사결정 검사"를 제작하여 모든 연구대상에게 실시하였다. 인적사항에서는 연령, 성별, 학년, 재수여부, 재수에 대한 고려 등을 질문하였다. 대학 및 학과 선택 내용에서는 재학 대학 및 학과, 희망 대학 및 학과, 모든 지원 대학 및 학과를 적고, 각각에 대해 스스로 지각하는 지위점수와 적성점수를 10점 Likert 척도로 응답하게 하였다. B대학교 학생들에 대해서는 추가로 'Holland 적성탐색 검사'(안창규, 1996)를 실시하여 적성에 대한 객관적 척도 자료를 확보하였다.

다. 예비연구자료 분석절차

1) 타협점수 계산

① 지위타협 점수=(희망 대학의 사회적 지명도＋학과의 인기도)－
(재학 대학의 사회적 지명도＋학과의 인기도)

② 적성타협 점수=(희망 학과에 대한 적성)-(재학 학과에 대한 적성)

2) 타협유형 결정

지위점수 및 적성점수의 평균 및 표준편차로 본 점수분포에서 응답자의 지각의 정확성에 1점 정도의 오차가 있다고 판단하였다. 지위타협 점수 및 적성타협 점수 각각 0점을 기준으로 타협여부를 결정하기 보다는, 두 문항인 지위타협 점수는 2점까지, 한 문항인 적성타협 점수 1점까지 타협을 하지 않은 것으로 간주하고 타협유형을 결정하였다.

① 무타협 유형 (No Compromise):
지위타협 점수 2 이하이면서 적성타협 점수 1 이하
② 지위타협 유형 (Prestige Compromise):
지위타협 점수 3 이상이면서 적성타협 점수 1 이하
③ 적성타협 유형 (Interest Compromise):
지위타협 점수 2 이하이면서 적성타협 점수 2 이상
④ 전체타협 유형 (Both Compromise):
지위타협 점수 3 이상이며 적성타협 점수 2 이상

3) 타협유형 타당성 검토

① 성별분포에 따른 타당성 검토
선행연구에 의하면 남학생들은 여학생들에 비해 지위보다는 적성에 타협하는 반면 여학생들은 남학생들보다 지위를 더 포기하기 쉬워한

다. 따라서 지위타협 유형에는 여학생들이 더 높은 비율을 보일 것이고, 적성타협 유형에서는 남학생들의 비율이 더 높을 것이다. 또한 여학생들의 하향지원 추세로 볼 때 무타협 유형에는 남학생의 비율이 높고, 전체타협 유형에는 여학생의 비율이 높을 것으로 예상된다.

② 학교특성에 따른 타당성 검토

A대학교는 최고의 대학이므로 학생들이 지위에 타협하기보다는 적성에 타협했을 가능성이 높다. 또한 표집된 집단의 학과분포가 특정 단과대학에 국한되어 있고, 비교적 인기도가 낮은 단과대학이므로 전체타협 유형도 적지 않으리라 예상된다. B대학교의 경우 서울 소재 대학이면서 중하위권에 속하는 대학임을 고려해 볼 때 학생들은 지위나 적성 어느 한쪽에 타협을 한 유형보다는 두 가지 모두 적당히 타협한 전체타협 유형이 상대적으로 많을 가능성이 있다. C대학교의 경우 특수목적을 가진 대학으로 학생들은 미리부터 진학에 대한 준비를 한 집단일 가능성이 크고, 그렇다면 무타협 유형의 비율이 상대적으로 높을 것이다. D대학교 ○○학과 학생들의 경우는 인기도가 높은 학과를 가장 중요하게 생각한 학생들이다. 즉, 학교의 지위를 포기하고 학과중심의 선택을 한 것을 고려해 볼 때 지위타협 유형의 비율이 상대적으로 높을 것으로 예상된다.

③ 스스로 지각한 타협유형과 객관적 척도에 근거한 타협유형의 일치성

학생들이 보고한 자신이 가고 싶었던 대학 / 학과의 지위 및 그에 대한 자신의 적성에 근거하여 유형화를 할 경우, 이 유형화가 객관적 척도에 따른 유형화와 얼마나 일치하는지 알아볼 필요가 있다. 일치도가 높을수록 본 질문지는 타당하다고 할 수 있을 것이다. 객관적인 대학 / 학과의 지위 지수는 대학입시 사정자료를 근거로 계산

하고, 학생들의 적성에 대한 객관적 측정은 '진로적성탐색' 도구를 이용하였다. 단, B대 학생들의 자료에 대해서만 검토하였다.

라. 예비연구 결과

1) 타협유형의 분포

본 검사지를 통해 대학생들의 타협유형이 <표 19>에 나타난 바와 같이 네 가지 유형으로 분류되었다. 지위나 적성 어느 쪽으로도 타협하지 않고 대학 및 학과를 선택한 무타협 유형에 속하는 학생이 123명(37.7%)으로 가장 많았다. 지위와 적성 양쪽 측면 모두에 타협한 전체타협 유형에 속하는 학생이 97명(29.8%), 대학의 지위나 학과의 인기도를 포기한 지위 타협 유형에 속하는 학생이 80명(24.5%)의 순으로 나타났고, 적성에 맞는 학과를 포기한 적성 타협 유형에 속하는 학생이 26명(8%)으로 가장 적었다.

<표 19> 타협유형별 빈도

타협유형	학생수(%)
무 타 협	123(37.7)
지위 타협	80(24.5)
적성 타협	26(8.0)
전체 타협	97(29.8)
전 체	326(100.0)

2) 타협유형 타당성 검토

① 성별유형 분포

본 질문지의 타당성을 검토하기 위해 타협 유형의 분포가 남학생과 여학생 집단에서 각각 다르게 나타날 것임을 예상하였다. <표 20>에 정리된 성별 타협 유형의 분포를 보면, 선행연구의 결과와 일관된다. 즉, 지위 타협 유형에서의 여학생 집단의 우세, 적성 타협 유형에서의 남학생 집단의 우세를 확인할 수 있다. 또한 지원 경향을 근거로 여학생 집단의 경우 전체타협 유형이 상대적으로 더 많이 나타날 것이라는 예상도 검증되었다. 즉, 성별에 따른 타협 유형의 분포 차이는 본 질문지를 통해 분류된 유형이 타당함을 말해준다.

<표 20> 성별 타협유형 분포

	무타협(%)	지위타협(%)	적성타협(%)	전체타협(%)	전　체
남학생	70(40.5)	40(23.1)	16(9.2)	47(27.2)	173
여학생	53(34.6)	40(26.1)	10(6.5)	50(32.7)	153
전　체	123(37.3)	80(24.5)	26(8.0)	97(29.8)	326

② 학교별 유형 분포

학교별 타협 유형의 분포 역시 예상된 결과를 보여주어 질문지 및 타협 유형화 절차의 타당성을 입증하고 있다(표 21). A 대학교의 경우 예상보다 적성타협 집단의 비율이 낮은데 이는 인기도가 낮은 단과대학의 학생들이 대다수 표집되면서 최고 대학 자체의 특성보다는 인기도 낮은 단과대학의 특성이 더 많이 반영되었다. 예상대로 전체타협 유형의 비율이 어느 학교보다 높게 나타나는 결과를 보여주고 있다. B 대학교 학생들의 타협 유형 분포 역시 예상대로 전체

타협 유형이 타유형에 비해 상대적으로 높게 나타나고 있다. C 대학교의 경우 무타협이 가장 높은 비율을 보여 역시 예상된 결과를 보여준다. D 대학교는 예상했던 결과를 매우 정확하게 보여주고 있다. 적성나 전체에 타협한 학생은 한 명도 없는 반면 전체 응답자 중 28명(60.7%)이 지위에 타협한 유형으로 분류되어 지방대 인기학과라는 특성을 잘 나타내주고 있다.

<표 21> 학교별 타협유형 분포

	무타협(%)	지위타협(%)	적성타협(%)	전체타협(%)	전 체
A 대학교	20(32.8)	12(19.7)	3(4.9)	26(42.6)	61
B 대학교	36(31.6)	29(25.6)	9(7.9)	40(35.9)	114
C 대학교	54(43.9)	23(19.7)	14(11.4)	32(26.0)	123
D 대학교	11(39.3)	17(60.7)	0(0.0)	0(0.0)	28
전 체	121(37.5)	81(24.6)	26(8.0)	98(29.9)	326

③ 자기보고와 객관적 척도의 결과 비교: B 대학교 자료에 근거

학생들이 보고한 자신이 가고 싶었던 대학/학과의 지위 및 그에 대한 자신의 적성에 근거하여 유형화를 한 경우(Type Ⅰ)와 객관적 척도(대학입시 자료 및 적성탐색 검사)에 따른 유형화(Type Ⅱ)는 다음 <표 22>과 같이 다소 다른 분포를 보이고 있다. 그리고 각 개인에 따라 동일한 유형으로 분류되는 학생이 48명으로 전체의 46.6%를 차지하고 있다.

보다 자세히 두 유형을 검토해 보면, 무타협 집단의 지위타협 집단으로의 이동의 원인은 정확하게 파악할 수는 없으나, 학생들이 기제한 대학명에 지방캠퍼스와 서울캠퍼스가 구분되지 않은 점은 한 가지 원인일 수 있다. 또는 자기가 현재 다니고 있는 학교의 사회적 지위를 보다 높게 보고하고 있다는 점, 학과의 사회적 지위가 학생

들의 지각으로는 차이가 나지만 실제 입시자료 상으로는 학과에 따른 차이가 거의 나지 않는다는 점 등이 그 원인으로 추정된다. 적성점수에서도 학생들 자신이 보고한 것과 적성검사 결과로 계산한 것에서 차이를 보이고 있다. 자기보고에서 전체타협 유형에 속했던 학생들이 적성탐색 검사를 기준으로 삼을 경우 지위타협 유형으로 분류되는 것을 볼 수 있었다. 여기에서 학생들이 보고한 대학의 지위와 학과의 인기도의 정확성에 의문을 제기할 수 있다. 이를 해결하기 위해서는 대학의 지위와 학과의 인기도는 별도의 객관적인 자료로 평가하는 것이 더 신뢰로울 것으로 예상한다.

또한 자신은 적성이 맞지 않는 과로 진학을 했다고 지각하고 있지만, 적성의 영역으로 볼 때는 동일한 영역에 속하는 학과인 경우이다. 이는 실제 'Holland 적성탐색 검사'가 적성의 영역을 6가지로 지나치게 요약하였다는 비판을 받고 있다는 점을 고려할 때 가능한 결과라고 하겠다.

<표 22> 유형화 기준에 따른 타협유형 분포

	무타협(%)	지위타협(%)	적성타협(%)	전체타협(%)	Total
자기보고	36(31.6)	29(25.5)	9(7.9)	40(35.9)	114
입시자료 및 척도	20(19.4)	61(59.2)	3(2.9)	19(18.4)	103

지금까지 정리한 예비연구의 결과로 볼 때, 현재의 질문지와 타협 유형화의 절차가 비교적 타협 유형을 잘 분류하고 있다고 판단되었다. 그러나 질문지 내용과 타협 유형화 절차에서 몇 가지 보완점을 찾은 것도 본 예비연구의 성과라고 할 수 있다.

첫째, 대학의 지위, 학과의 인기도, 자신의 적성에 대한 자기보고에 근거한 유형화와 자기보고가 아닌 객관적 자료를 이용하여 분류한 유형 사이에 다소 차이를 보이고 있어 이에 대한 보완이 필요하다. 자기보고 방식보다는 보다 객관적인 방식으로 지위와 적성의 정도를 가려내는 것이 필요하다. 평정자의 판단으로 대학 및 학과의 지위를 결정할 수 있으나 이보다는 더 객관적인 방법은 실제 일반인들을 통해 대학 및 학과 지위의 순위를 결정하는 것이다. 따라서 이 연구에 들어가기 전 연구자는 일반인의 대학 지위 및 학과 인기도에 대한 인식을 조사하고 이를 근거로 '대학명성 순위 표'와 '학과인기도 순위 표'를 작성하였다. 그 과정은 <부록 2>에 제시하였다. 이 두 가지 순위 표를 대학명성 및 학과인기도에 대한 객관적 준거 자료로 사용할 것이다.

둘째, 예비연구에서는 대학의 사회적 명성과 학과의 인기도를 하나로 묶어서 '지위'로 간주하였으나 이에 대한 검토가 요구된다. 실제 지위타협점수가 0으로 지위에 타협하지 않은 학생들 중에는 대학의 사회적 명성 수준을 낮추고 학과의 인기도를 높이거나, 대학의 사회적 명성을 높이는 대신 학과의 인기도를 낮추는 방식으로 타협을 한 경우도 있었다. 이러한 타협 형태를 파악하기 위해서는 '사회적 지위'를 구성하던 대학의 지위와 학과의 인기도를 각각 다른 타협의 측면으로 보아야 할 것이다. 따라서 이 연구에서는 대학명성과 학과인기도가 사회적 지위라는 한 가지 측면에서 갈등하는 과정을 먼저 밝혀야 할 것이다. 그리고 사회적 지위와 적성의 갈등과정을 탐색해야 하고, 이러한 검증을 바탕으로 대학명성, 학과인기도, 적성의 세 가지 타협측면에서 타협행동을 유형화할 수 있다.

셋째, 예비연구에서는 다양한 학년의 학생들을 대상으로 실시하면서, 각 학년에 재학 중인 학생들이 서로 다른 대학 입시 제도를 거쳐 입학했다는 사실을 발견하였다. 이 점을 고려할 때 가능한 동일학년의 학생들을 연구에 포함시키는 것이 바람직할 것이다. 따라서 이 연구는 의사결정이 가장 최근에 이루어진 신입생을 연구대상으로 선정할 것이다.

마지막으로, 예비연구에서는 희망 대학 및 학과와 재학 대학 및 학과라는 두 가지 진로대안을 비교하여 타협행동을 검토하였지만, 실제 복수지원 방식으로 대학에 지원한 많은 학생들의 타협과정은 보다 복잡하다는 것을 알 수 있었다. 즉 복수지원 방식으로 대학에 지원할 경우, 지원할 대학 및 학과를 선택하는 과정인 지원단계 의사결정 단계와 합격한 여러 대학 및 학과 가운데 진학할 대학을 선택하는 최종결정 단계를 거치고, 각 단계에서는 서로 다른 타협 전략이 동원되고 있었다. 따라서 이러한 복잡한 타협과정에 대한 보다 탐색적인 검토가 요구된다.

② 연구방법

가. 연구대상

이 연구는 서울 시내 소재 대학에 재학 중인 2001년 신입생을 대상으로 하였다. 예비연구에서 얻은 '대학명성 순위 표'에서 순위 제1위의 최고대학, 2-3위의 최상위대학, 5~10위의 상위대학, 20위 밖의 중위권대학 등 4개 수준의 8개 대학을 선정하였다. 각 대학에서 여러 학과가 함께 수강하는 교양과목 수강생들 중 1학년 434명을 표집하였다. 자신이 지원한 대학 및 학과에 대한 응답 내용이 미비하여 타협유형화가 곤란한 35개 사례는 분석에서 제외하였다. 최종적으로 분석에 포함된 학생은 <표 23>에 나타난 바와 같이 8개 대학 389명이다.

<표 23> 대학별 연구대상의 분포

구 분	학생수	(%)	기록미비
최고대학	109	(28.0)	5
최상위대학	90	(23.1)	8
상위대학	95	(24.4)	8
중위권대학	95	(24.4)	14
전 체	389	(100.0)	35

이 연구를 위해 표집된 연구대상의 특성별 분포를 보면, 먼저 성별은 응답자 중 3명은 자신의 성별을 표시하지 않았다. 성별을 응답한 386명의 학생들 중 남학생이 192명, 여학생이 194명으로 거의 동일하다. 학교수준별로는 <표 24>에서와 같이 최고대학의 남학생 비율이 63.9%, 중위권대학의 여학생 비율이 62.1% 등 다소의 편차를 보이지만 대체로 성별로 골고루 표집되었다.

<표 24> 성별 연구대상의 분포

구 분	남학생(%)	여학생(%)	전 체
최고대학	69(63.9)	39(36.1)	108
최상위대학	34(38.2)	55(61.8)	89
상위대학	53(56.4)	41(43.6)	94
중위권대학	36(37.9)	59(62.1)	95
전 체	192(49.7)	194(50.3)	386

〈표 25〉 대입 지원방식별 연구대상의 분포

	수시지원(%)	정시지원(%)	전 체
최고대학	3733.9)	72(66.1)	109
최상위대학	52(57.8)	38(42.2)	90
상위대학	42(44.2)	53(55.8)	95
중위권대학	24(25.3)	71(74.7)	95
전 체	155(39.8)	234(60.2)	389

대학 입시에 지원한 방법별 분포를 보면, 응답한 389명 중 115명의 학생이 수시지원 방법으로 234명이 정시지원 방법으로 지원하여 현재 대학 및 학과에 입학하였다. 이 비율은 수시지원으로 입학하는 비율이 30~50%정도라는 현실과 대비해 볼 때 역시 지원 방법별로도 골고루 표집되었음을 나타낸다. <표 25>은 각급 대학별로 대학입시 지원 방법의 분포를 정리한 것이며, 각 대학수준별 분포의 차이 역시 각 대학의 입시 정책을 반영하고 있다.

나. 연구도구

1) 대학생 진로의사결정 검사

연구자가 자체 제작하여 예비연구를 통해 타당화 과정을 거친 '대학생 진로의사결정 검사'를 전문가와 논의하면서 수정하고 보완하였다. 일반인들의 인식에 기반한 대학의 사회적 지위와 학과의 인기도가 더 객관적이라고 판단하고, 희망 대학 및 학과, 지원 대학 및 학과에 대해 스스로 지각하는 사회적 지위와 학과 인기도를 묻는 문항들을 먼저 삭제하였다. 학과에 대한 자신의 적성 일치도를 묻는 문항은 1개 문항에서 3개 문항으로 늘려 신뢰도를 더욱 확보하였다. 연구 대상은 신입생(2001년 입학생)에 국한하기로 하고, 2001년 입학제도에 맞게 '수시', '가군', '나군', '다군', '라군'으로 구분하여 지원 대학 및 학과를 기록할 수 있도록 수정하였다.

'대학생 진로의사결정 검사'는 '인적사항'과 '나의 대학 및 학과 선택'의 두 부분으로 구성된다. 인적사항 부분에서는 성별, 연령, 현재 학년, 대학지원 방법, 대학 응시 횟수 등 신상에 대한 기초정보와 다른 대학에 다닌 경험, 현재 대학 및 학과에 대한 만족도, 학점 등 진로와 관련된 기초정보를 파악한다. 나의 대학 및 학과 선택 부분은 희망 대학 및 학과와 지원 대학 및 학과들에 대한 질문이다. 여기에서는 원서를 작성할 당시 가장 진학하기를 원했던 대학과 학과, 수시, 가군, 나군, 다군, 라군 등 실제로 원서를 제출했던 모든 대학과 학과를 적고, 합격여부도 표시한다. 그리고 기록한 대학 및 학과들이 각각 어느 정도 자신의 적성에 부합하는지를 5점 Likert 척도로 응답하는 3개의 문항이 있다.

본 검사지를 통해 수집된 자료는 연구대상들의 신상에 대한 기초정보, 희망 대학 및 학과, 지원한 모든 대학 및 학과, 지원한 대학 및 학과에 대한 합격여부, 희망 학과 및 지원 학과에 대한 적성일치도 등이다. 적성일치도는 각 학과에 대해 5점 Likert 척도의 3개 문항에 응답하여, <표 26>에 나타난 바와 같이 최소 3점에서 최대 12점의 범위로 분포하는 점수이다. 점수가 높을수록 그 학과에 대한 적성이 높다는 것을 나타내며, 각 적성일치도 점수의 차이 점수를 적성 타협점수로 사용하였다.

<표 26> 대학생 진로의사결정 검사 중 적성 척도 기술통계치

	학생수	범 위	최 소	최 대	평 균	표준편차	내적합치도
희망 적성	389	12	3	15	11.53	2.57	.78
재학 적성	389	12	3	15	10.87	2.78	.81
수시 적성	246	12	3	15	10.90	2.69	.77
가군 적성	243	12	3	15	10.58	2.85	.77
나군 적성	230	12	3	15	10.59	2.99	.87
다군 적성	158	12	3	15	9.59	2.63	.83
라군 적성	134	12	3	15	8.93	2.89	.89

2) 학과만족도 질문지

하혜숙(2000)의 연구에서 타당화한 학과만족도 질문지를 구성하는 28개 문항(5점 Likert 척도)을 그대로 사용하였다. 학과만족도는 학교만족, 교과만족, 인식만족, 일반만족, 관계만족의 5개 요인으로 구성되는 구념이다. 각 요인별로 7문항, 6문항, 5문항, 6문항, 4문항을 포함하고, 학교만족은 자신이 현재 다니고 있는 대학에 대한 만족도, 교과만족은 현재 학과에서 배우고 있는 학습내용에 대한 만족도, 인식만족은 학과의 사회적 유명세나 인지도에 의한 만족도, 일반만족은 전반적인 학과에 대한 만족도, 관계만족은 학과에서 이루어지는 대인관계에서 느끼는 만족도를 의미한다. 하혜숙은 탐색적 요인분석과 확인적 요인분석을 거쳐 질문지를 타당화하여 구인타당도를 확보하였고, 각 요인들의 내적합치도로 신뢰도를 확인하였다. 각 요인의 요인부하량은 9.22, 3.04, 2.22, 1.45, 1.20으로 각각 나타났고 이들의 총설명변량은 61.2%였다. 각 요인의 내적합치도 계수 Cronbach α는 .87, .73, .89, .89, .76으로 각각 기록하고 있다. 이 연구에서도 연구대상자 389명을 대상으로 타당화 지수와 신뢰도 지수를 확인해 보았다. 확인적 요인분석을 통해 각 요인에 포함되는 문항이 하혜숙의 연구에서 제시한 문항구성과 일치함을 확인하였고, 각 요인의 고유치는 10.70, 3.47, 2.02, 1.60, 1.31, 이들의 총설명변량은 68.2%이다. 각 요인들의 내적합치도 계수는 .74, .85, .91, .90, .85로 나타나 타당도와 신뢰도가 확보되었다.

3) 진로준비 행동 질문지

김봉환(1997)의 연구에서 개발하고 타당화한 '진로준비 행동 질문지'(내적합치도 .84, 반분신뢰도 .74, 검사-재검사 신뢰도 .82)를 사용하였다. 총 16문항 가운데 취업준비 여부를 질문하는 1개 문항을 제외하고, 그 이외 15개 문항들은 대학교 신입생들에게 맞는 표현으로 조금 수정하였다. 서진숙(1998)의 연구에서 타당화한 진로준비 행동 질문지의 내용 가운데 대학교 신입생들의 진로준비 행동으로 적합한 5개 문항을 골라 추가하였다. 이 연구에 사용된 진로준비 행동 질문지는 4점 Likert 척도의 총 20개 문항으로 구성되었으며, 연구대상자 389명을 대상으로 산출한 내적합치도 값(Cronbach α)은 .84로 신뢰도를 확보하였다.

4) 진로변경 의사 질문지

졸업 후 다른 대학 또는 다른 분야로 진출을 원하거나 대학입학 재응시나 전과 등과 같이 졸업 이전에 다른 대학 또는 다른 학과로 옮기는 것을 어느 정도 고려하고 있는지를 알아보기 위한 문항을 각각 5문항과 4문항으로 구성하여 학과만족도 질문지와 함께 제시하였다. 졸업 후 진로변경에 대한 문항은 하혜숙(2000)의 연구에서 사용했던 문항을 그대로 사용하였고, 졸업 이전 진로변경에 대한 문항은 연구자가 제작하고 전문가 1인의 검토를 받았다. 졸업 후 진로변경 의사에 관한 5개 문항과 졸업 이전 진로변경에 대한 4개 문항의 총 9개 문항으로 진로변경 의사를 확인하였다.

다. 연구절차

1) 지원단계 및 최종결정 단계 타협과정

지원할 대학을 결정하는 단계와 합격한 학교들 가운데 진학할 대학을 결정하는 단계 등 다단계의 의사결정 과정을 거치게 되는 현행 대학 입시 제도의 복수지원 방식에 대해 먼저 검토하였다. 지원단계는 자신이 진학하고자 희망하던 대학과 학과를 완전히 포기하거나 어떤 영역만을 포기하는 등 타협에 대한 준비단계이다. 최종결정 단계는 진학할 하나의 대학과 학과를 선택함으로써 지원단계에서 준비했던 타협 가운데 한 가지를 선택하여 타협이 마무리되는 단계이다. 이 연구는 최종결정 단계에서 나타나는 타협과정을 중심으로, 이전 지원단계에서 나타나는 타협과정과의 상호 관련성, 이후 타협결과에 대한 적응 등 전반적인 타협과정을 알아보고자 하였다.

진학할 대학과 학과를 결정하는 과정에서 한 번의 의사결정 과정을 거친 수시지원 학생 전체는 검토 대상에 포함시키지 않았다. 합격한 대학과 학과의 목록을 작성하고, 진학하기로 결정한 대학 및 학과와 진학을 포기한 대학 및 학과가 사회적 지위 측면(대학의 명성과 학과의 인기도 측면)에서 보이는 차이를 중심으로 의사결정 형태를 정리하였다. 그리고 지원한 여러 대학과 학과들의 조합(지원단계 타협)과 합격한 대학 중 진학할 대학을 결정하는 행동(최종결정 단계 타협)에서 공통된 행동 양식을 보이는 학생들을 분류해 보았다. 먼저 지원할 대학 및 학과를 정하는 과정에서 희망 대학 및 학과에 지원한 학생들과 희망 대학 및 학과에 지원하지 않은 학생들의 차이를 확인할 수 있었다. 희망 대학 및 학과에 지원하지 못한 학생들의 경우 지원에 선행되는 타협단계를 한 번 더 거치게 된다는 점도 발견하였다. 또한 최종결정 단계 의사결정을 사회적 지위 측면에서 분류하여 서로 다른 타협전략을 사용하고 있음을 확인한 다음, 각 타협전략에 따른 적성일치도의 차이를 검증하였다. 이를 통해 적성이 타협과정에 어떤 영향을 미치고 있는지, 사회적 지위 측면과는 어떤 관련성을 갖는지 분석하였다. 마지막으로 각 타협 형태별 타협결과에 대한 수용도 차이를 알아보기 위해 진로영역 적응도 척도에 나타난 점수를 비교하였다.

2) 타협 유형화

지원단계 및 최종결정 단계 타협과정에 대한 분석을 통해 대학의 명성, 학과인기도, 적성일치도가 모두 타협과정의 중요한 측면임을 알 수 있었다. 이에 이 연구에 참여한 모든 학생들의 대학지원 및 진학결과에 대한 분석에 착수하였다. 희망 대학 및 학과와 재학 대학 및 학과의 대학명성, 학과인기도, 적성일치도를 비교하여 타협과정을 유형화하였다.

먼저, 대학명성 타협에 대해서는 '대학명성 순위 표'에 나타난 순위로 희망 대학과 재학 중인 대학에 점수를 부여하였다. 1~30위까지는 순위를 그대로 부여하였고, 30위 밖의 대학에 대해서는 모두 30위로 점수를 부여하였다. 순위에 포함되지 않은 특수대학(예, 공군사관학교, 경찰대학)의 경우는 대학 입학 전형 자료를 참고로 현재 재학 중인 대학과의 지위 차이가 어느 정도인지 결정하였다. 희망 대학의 순위와 재학 대학의 순위의 차이가 0보다 작으면 '대학명성 타협', 0보다 크면 '대학명성 추구'로 명명하였다. 대학의 순위가 20위 밖인 학교들의 경우 순위의 차이가 조밀하여, 순위 차이의 절대값이 2이하인 경우는 지위에 대해 타협하지 않은 것으로 정하였다.

학과인기도 타협에 대해서는 '학과인기도 순위 표'에 근거하여 가장 가고 싶었던 학과와 현재 재학 중인 학과의 학과인기도 점수를 부여하였다. 학과인기도의 경우 순위별 차이가 근소하여 타협유형을 정하는 기준은 희망 학과와 재학 학과의 학과인기도 차이가 절대값 2이하인 것은 타협하지 않은 것으로 간주하였다. 즉, 희망 학과의 학과인기도 순위와 재학 학과의 학과인기도 순위의 차이가 -3보다 작을 때 '학과인기도 타협', 3보다 클 때 '학과인기도 추구'로 명명하였다.

자신의 소질 / 흥미 / 적성이 학과와 얼마나 잘 맞는가를 알아보는 적성일치도는 질문지 응답내용을 합산하여 비교하였다. 희망 학과에 대해 자신의 소질 / 흥미 / 적성과 얼마나 맞는다고 생각하는지에 대한 평정값(값이 클수록 합치도가 높다는 것을 의미)과 현재 학과에 대해 자신의 소질 / 흥미 / 적성과 얼마나 맞는다고 생각하는지에 대한 평정값의 차이를 계산하였다. 그 차이 값이 0보다 크면 '적성 타협', 0보다 작으면 '적성 추구'라고 명명하였다.

최종적인 타협유형결정은 다음과 같이 이루어졌고, 잠정적으로 연구자가 각 유형을 명명해 보았고, (   ) 속의 용어로 명명도 가능할 것으로 생각한다.

① 무타협(모두 추구) 유형:
　대학명성, 학과인기도, 적성 어느 쪽도 포기하지 않은 경우
② 대학명성 추구 유형:
　대학명성을 추구했거나, 학과인기도와 적성을 모두 포기한 경우

③ 학과인기도 추구 유형:

　학과인기도를 추구했거나, 대학명성과 적성을 모두 포기한 경우

④ 적성추구 유형:

　적성을 추구했거나, 대학명성과 학과인기도를 모두 포기한 경우

⑤ 적성 타협(적성 포기, 대학명성·학과인기도 추구) 유형:

　대학명성과 학과인기도를 모두 추구했거나 적성을 포기

⑥ 학과인기도 타협(학과인기도 포기, 대학명성·적성 추구) 유형:

　대학명성과 적성을 모두 추구했거나 인기를 포기

⑦ 대학명성 타협(대학명성 포기, 학과인기도·적성 추구) 유형:

　학과인기도와 적성을 모두 추구했거나 지위를 포기

⑧ 전체 타협(모두 포기) 유형:

　대학명성, 학과인기도, 적성을 모두 포기한 경우

위와 같이 8가지 타협으로 분류하여 전체적인 분포를 살펴본 다음, 이 8가지 타협을 학교수준별, 성별, 지원방법별로 어떻게 다르게 분포하는지, 진로영역의 적응양상에도 차이가 있는지 검토해 보았다.

③ 연구결과

가. 의사결정 단계별 타협과정

앞서 지적한 바와 같이 2001년 대학 입학제도는 여러 대학에 동시

에 지원이 가능한 복수지원을 허용하고 있어, 자신이 진학할 대학과 학과를 결정하는 과정에서 학생들은 여러 번의 의사결정 단계를 거치게 된다. 수시지원만 했거나 정시지원에서도 한 학교에만 지원한 경우는 한번의 의사결정으로 자신이 진학할 대학과 학과를 결정한다. 그러나 수시지원과 정시지원을 병행하거나 정시지원에서 복수지원을 할 경우 지원단계 의사결정과 최종결정 단계 의사결정 등을 거쳐 대학에 입학하게 된다. 즉, 타협과정도 각 단계별로 나타난다. 이 연구에 참여한 학생들 중 이렇게 두 번 이상의 타협과정을 거친 학생의 수는 연구대상 389명 가운데 232명이고, 이들 중 최종합격여부를 응답하지 않은 3명은 최종결정단계 타협과정분석에서 제외시켰다.

1) 지원단계 의사결정

가) 희망 대학 및 학과 포기 단계

여러 학교를 동시에 지원할 수 있는 복수지원 입학제도 하에서는 먼저 자신이 지원할 학교와 학과를 선택하게 된다. 희망 대학 및 학과가 지원 학교 선택의 기준이 되며, 동시에 입시의 당락을 좌우하는 자신이 획득한 수학능력시험 점수, 내신 성적, 특기 사항, 학교별 입시 전형 등을 고려하여 대학과 학과를 선택할 것이다. 누구나 희망 대학과 학과를 포함하여 지원할 학교를 결정하고 싶어 한다. 그러나 희망 대학 및 학과에 대한 현실적인 합격 가능성이 낮을 경우, 그 학교를 지원할 학교에 포함하지 못하게 되고 이들은 이미 이 단계에서 어떤 형태로든 타협을 하게 된다.

이 연구에 참여한 학생들 중 89명은 희망 대학 및 학과에 지원하지 못했다. 이들은 다음 네 가지 형태로 희망 대학과 학과를 포기하고 있다.

① 대학을 유지하면서 학과를 바꾼 지원

　(예, 서울대 경영학과 → 서울대 사회복지학과를 포함)

② 대학을 바꾸고 학과를 유지한 지원

　(예, 경희대 정치외교학과 → 건국대 정치외교학과를 포함)

③ 대학도 바꾸고 학과도 바꾼 지원

　(성균관대 영상학과 → 세종대 호텔관광학과 포함)

④ 대학도 바꾸고 학과도 바꾸었지만, 각각을 교차시켜 유지한 지원

　(서울대 경영학과 → <u>서울대</u> 농경제학과와 아주대 <u>경영학과</u>를 동시에 포함)

　이들의 타협행동을 대학과 학과의 사회적 지위라는 측면을 적용하여 분석해 본 결과, ① 대학을 유지하면서 학과를 바꾼 학생들은 대학의 사회적인 명성을 무엇보다 중요하게 생각하는 학과인기도 타협(또는 대학명성 추구)을 한 것이다. ② 대학을 바꾸고 학과를 유지한 지원은 1명을 제외하고는 모두 대학명성 순위 표에서 더 낮은 대학들에 지원하였다. 즉, 대학명성 타협이다. ③ 대학도 바꾸고 학과도 바꾼 지원의 경우는 대학명성과 학과인기도를 모두 포기한 전체 타협으로 나타났다. ④ 대학과 학과를 바꾸면서도 희망 대학 및 학과를 지원 대학 및 학과에 교차시켜 지원한 학생들은 어떤 타협을 했다고 보기 곤란하다. 단지 타협할 준비만을 한 상태로, 분명한 한 가지 타협 유형으로 명명할 수 없다.

　희망 대학 및 학과에 지원하지 못한 89명의 학생들 가운데 가장 많은 학생인 30명의 학생은 희망 학과는 바꾸지 않고 대학의 사회적 명성 수준만 낮추어 지원하는 대학명성 타협을 선택하였다. 다음으로 대학과 학과를 모두 바꾼 전체 타협이 24명, 학과인기도 타협이 19명, 대학과 학과를 교차하여 타협을 준비한 학생이 15명으로 나타났

다. 그리고 1명은 자신이 원하는 대학보다 더 좋은 대학으로 바꾸어 지원하여, 대학을 변경한 ② 집단에 속하지만 대학명성을 추구하였다.

나) 지원 대학 및 학과 결정 단계

다음으로 지원할 여러 학교를 결정하는 과정은 희망 대학 및 학과에 대한 포기 여부와 상관없이 복수지원을 한 학생들은 모두 거쳐 가는 과정이다. 학생들이 지원했던 학교의 목록을 분석해 본 결과 공통된 몇 가지 지원양태를 발견할 수 있었다. 특히 학과가 얼마나 다양해지는가의 축에서 그 지원양태를 이해할 수 있다. 비교적 단일 학과 내지는 유사 학과 내에서 지원대학을 정한 경우에서 문과와 이과를 모두 포함하여 서로 다른 영역의 다양한 학과를 지원한 경우까지 학과 다양성의 스펙트럼을 보여주고 있다.

① 한 가지 학과 여러 학교에 지원 ┬ 희망 학과와 동일한 학과
                                                 └ 희망 학과와 다른 학과

② 한 가지 학과+1개 다른 학과 ┬ 학과인기도가 높은 학과
                                                 └ 학과인기도가 낮은 학과

③ 다양한 학과 ┬ 대학별 인기학과
                     ├ 대학명성과 학과인기도 교차
                     └ 양극화(높은 대학 높은 과, 낮은 대학 낮은 과)

① 단일 학과 내지 유사 학과 내에서 지원대학을 선택한 경우를 보면, '경기대 한국어·동양어과, 명지대 국어국문학과, 한국외대 국어국문학과'와 같이 모두 동일한 학과로 정하고 대학만 다르게 지원하는 경우가 있다. 이렇게 지원한 학생들은 70명으로 전체 분석대상이 된 232명 가운데 가장 큰 비율을 차지하고 있다. 이들 중 4명만이 희망 학과와 다른 학과에 지원을 했고, 희망 학과와 동일한 경우

가 대부분이다. 이들은 대학은 바꾸더라도 학과는 바꾸고 싶지 않다는 의지를 보여주는 지원을 한 학생들로 대학명성에 대한 타협을 준비하고 있는 집단이라고 할 수 있다.

② 단일 학과에 지원하면서 지원 학교 중 한 학교만 다른 학과를 지원한 학생들도 있었다. 예를 들면, 어떤 학생은 '상명여대 경영학과, 숙명여대 경영학과, 홍익대 경영학과, 동국대 문과대'와 같이 네 학교 중 세 학교에는 경영학과에 지원하고 한 학교에만 문과대로 지원했다. 이렇게 지원한 학생들은 모두 47명으로 이들 중 26명은 학과인기도가 낮은 한 개의 학과를 포함시켰다. 이들은 대부분 보다 사회적 지위가 높은 대학의 인기도 낮은 학과를 선택하여 대학명성 추구 타협행동을 보여주었다(예, 전북대 치의예과, 조선대 치의예과, 연세대 간호학과를 지원). 이들 중 소수는 지위가 낮은 대학의 인기도 낮은 학과를 선택해 확실한 합격을 추구하고 있었다. 그리고 21명은 여러 학교에 걸쳐 동일하게 지원한 학과도 인기학과이고 다르게 지원한 학과도 인기학과로 무엇보다 학과의 인기도를 중요하게 고려한 학생들이다(예, 고려대 법학과, 서울대 법학과, 한양대 법학과, 아주대 의예과). 이들은 학과인기도 추구 타협 집단으로 명명할 수 있을 것이다.

③ 보다 다양한 학과를 포함하여 지원한 학생들의 경우를 보면, 다양화의 양상이 서로 다르다. 이들 중 가장 보편적인 학과 다양화 방식은 대학의 명성과 학과의 인기도를 서로 교차시키는 것이다. 예를 들면, 어떤 학생은 '세종대 호텔경영학과, 숭실대 미디어학부, 한양대 생활과학대, 홍익대 경영학과'를 지원하였다. 분석 대상자 중 64명이 이런 방식으로 지원하였다. 이들은 학교와 학과가 모두 만족되는 지원을 할 수 없는 학생들로 좋은 대학의 비인기학과 또는 명성이 조금 낮은 대학의 인기학과 식으로 대학명성과 학과인기도를 교차시키면서 각각을 추구하고 있다. 여기에 속하는 학생들 중 소수는 학과를 다양하게

하더라도 자신의 적성이 맞는 학과들을 선택하지만 대부분은 자신의 적성에 상관없이 선택한다. 따라서 이들은 대학명성과 학과인기도를 추구하면서 적성은 포기하는 적성타협 유형이라 명명할 수 있다.

다양한 학과를 포함하여 지원하는 학생들의 다른 지원양태는 각 학교의 유명학과들에 지원하는 경우이다. 예를 들면, '세종대 호텔경영학과, 인제대 의예과, 인하대 법학과, 한양대 경영학과, 홍익대 전기전자공학과'와 같이 지원하였다. 비교적 성적이 우수한 학생들에서 나타나는 지원방식으로, 분석대상자 중 26명이 여기에 속한다. 이들은 무엇보다 학과의 인기도를 중요하게 고려하고, 특히 그 학과로 유명한 대학을 선택하는 특징을 보여 학과인기도 추구의 타협행동이 두드러진다.

그러나 나머지 17명은 대학의 명성이나 학과의 인기도 어느 하나를 뚜렷하게 추구하거나 포기했다고 판단하기 곤란하다. 한 학생이 지원한 예를 보면, '경원대 사회과학부, 인천대 사회과학부, 서경대 영어영문학과, 세종대 영어영문학과'로 지원하였다. 이들의 지원양식에 대해서는 어느 쪽으로도 분류하기가 곤란하였다.

2) 최종결정 단계 의사결정

어떤 학생은 자신이 지원한 모든 학교에 합격하기도 하고, 어떤 학생은 어느 학교에도 합격하지 못하기도 한다. 이 연구에 포함된 학생들은 현재 대학에 재학 중인 학생들로 적어도 한 학교 이상에는 합격한 학생들이다. 복수지원 방식으로 지원하고, 각 대학에 대한 합격 여부를 밝힌 229명의 최종결정 단계 의사결정 형태를 분류해 보면 <표 27>과 같다.

먼저, 자신이 원하던 대학 및 학과에 합격한 학생들의 경우 의사결정을 하는 과정이 어렵지 않았을 것이다. 이 연구 대상 중 75명은 희망 대학 및 학과에 합격하여 어떤 것도 포기하지 않고 의사결정을 할 수 있었다. 그리고 한 학교에만 합격할 경우 학생들은 그 학교에 다닐 것인지의 여부를 결정할 뿐이다. 이 연구에 참여한 학생들 중 여러 학교에 지원했지만 한 학교에만 합격한 학생들은 모두 26명이다. 이들은 학교에 다니기로 결정한 학생들이고, 여러 대안을 놓고 하나는 선택하는 방식의 의사결정을 하지는 않았다. 자신이 가고 싶었던 학교는 아니었지만 합격한 학교들 가운데 한 학교가 대학의 명성이나 학과의 인기도 면에서 합격한 모든 학교 중 가장 나은 경우도 있다. 이 경우에 속한 6명의 학생들도 최종결정 단계에서는 큰 갈등없이 의사결정을 할 수 있었다. 즉, 이러한 세 가지 경우에는 의사결정 과정에 타협과정이 포함되었다고 보기 어렵다. 따라서 여기에 속하는 107명 학생들의 의사결정은 타협할 필요나 타협할 여지가 없었던 무타협이라고 할 수 있다.

〈표 27〉 최종결정 단계 의사결정 형태 분석

타협 전략	의사결정 과정	사례수	(%)
희망대학 합격	자신이 가장 진학하고 싶었던 대학 및 학과에 합격한 경우	75	(32.8)
1개 대학 합격	지원한 학교들 가운데 1개 대학에만 합격한 경우(이들 중 3명은 1개 학교 지원)	26	(11.4)
명성인기 추구	합격한 학교들 중, 대학명성과 학과인기도가 모두 높은 학교를 선택	6	(2.6)
명성추구(단일)	단일 학과 내지 유사 학과를 지원하고, 합격한 학교 중 명성이 높은 학교를 선택	45	(19.7)
명성추구	학과의 인기도보다는 대학의 명성이 높은 학교를 선택	54	(23.6)
인기추구	대학의 명성이 높은 학교보다는 학과의 인기도가 높은 학교를 선택	12	(5.2)
미분류	대학의 명성이나 학과의 인기도로 분류되지 않는 선택	11	(4.8)
전 체		229	(100.0)

최종결정 단계에서 가장 많이 나타나는 의사결정 양태는 합격한 학교들 중에서 사회적 지위가 높은 대학을 선택하는 경우이다. 예를 들면, '고려대 수학교육과, 서울대 생물교육과, 홍익대 건축학과'에 합격한 학생이 서울대 생물교육과를 선택한 경우이다. 분석대상자 229명 중 99명이 여기에 속하고, 대학명성이 높은 대안을 선택한 면에서 볼 때 대학명성 추구의 타협을 했다고 할 수 있다. 그러나 이들 가운데 45명은 한 학과 내지 유사학과에만 지원을 한 학생들이다. 예를 들어 '동국대 한의예과, 아주대 의예과, 중앙대 의예과, 한양대 의예과'에 합격한 학생의 경우 합격한 학교들 사이에서 차이 나는 점이 대학명성 밖에 없으며, 보다 사회적 지위가 높은 학교를 선택하는 것은 당연한 귀결이라고 할 수 있다. 따라서 이들에 대해서는 지원단계에서 이미 타협과정을 거쳤다고 보아야 하며, 최종결정 단계에서 타협을 한 집단은 아니라고 할 수 있다.

다음으로 합격한 학교들 중 학과인기도가 높은 학교에 합격한 대학을 선택한 학과인기도 추구 타협이 12명으로 나타났고, 그 외 11명에 대해서는 대학명성과 학과인기도의 측면에서 어떤 의사결정을 했는지 예측하기 어려웠다. 이들은 아마 대학명성이나 학과인기도보다는 다른 요인들(예, 적성, 통학거리, 등록금, 주위사람의 권유 등)을 더 중요하게 고려하여 최종적인 결정을 내렸을 것이다.

3) 지원단계 의사결정과 최종결정 단계 의사결정의 관련성

지원단계의 의사결정과 최종결정 단계 의사결정은 서로 독립된 의사결정 과정이라기보다는 순차적으로 일어나면서 서로 밀접히 관련된다. 따라서 그 관련성을 분석함으로써 대학 및 학과를 선택하는 과정에서 나타나는 타협현상을 보다 잘 이해할 수 있을 것이다. 지금까지 도출한 지원단계 의사결정 양태와 최종결정 단계 의사결정 양태들 가운데 가장 많은 학생들이 사용하고 있는 의사결정 방식에 대해 그 관계를 분석해 보고자 한다.

첫째, 지원단계에서 가장 많이 사용된 의사결정 전략은 자신이 가고 싶은 학과를 정한 다음, 그 학과의 서로 다른 수준의 여러 대학에 지원하는 '대학명성 타협'이다. 이들이 합격 이후 진학할 학교를 결정하는 과정은 예측이 가능하다. 자신이 원하는 대학에 합격해서 타협할 필요가 없거나(무타협), 합격한 학과가 모두 동일하거나 유사하므로 합격한 학교 가운데 사회적 명성이 가장 높은 학교를 선택하는 것이다.

둘째, 지원단계에서 두 번째로 많이 사용되고 있는 전략은 대학명성과 학과인기도를 교차하면서 지원할 대학 및 학과를 결정하는 방식이다. 이들은 하나의 학과를 정하고 여러 학교에 원서를 제출한 학생들과는 달리 합격결과에 대해 여러 가지 서로 다른 의사결정을 내릴 수 있다. 높은 대학명성의 학교를 선택할 수도 있고, 인기도가 높은 학과를 선택할 수도 있고, 적성에 맞는 학과를 선택할 수도 있다. 이들이 합격한 학교들 가운데서 진학할 학교를 정하는 과정을 검토해 보면, 합격한 학교들 가운데 사회적 지위가 가장 높은 학교에 진학하는 경우가 64명 중 44명으로 가장 많았다. 즉, 대학명성과 학과인기도를 교차시키면서 지원한 학생들은 대부분 대학명성을 추구한다고 할 수 있다.

셋째, 최종결정 단계에서 대학명성 추구의 타협이 절대적으로 우세를 보인다. 따라서 어떤 식으로 지원을 하든지 최종 결정을 하는 방식에 있어서는 대학명성을 추구하게 되는 경우가 많이 나타난다고 할 수 있다. 그러나 여기에서 주목할 점은 이들 중 거의 1 / 2에 해당하는 학생들은 이미 자신이 진학하고자 하는 분야의 학과를 결정한 상태에서 지원을 했기 때문에, 최종결정 단계에서는 대학의 명성만이 고려되었다는 것이다. 즉, 상당히 많은 학생들은 타협을 최종결정 단계까지 미루기보다는 이미 지원단계에서 타협과정을 거친다는 것을 알 수 있다.

4) 지원단계 및 최종결정 단계 타협과정에 나타나는 적성 측면의 역할

지금까지 타협의 사회적 지위 측면(대학의 명성과 학과의 인기도 측면)에서 지원단계와 최종결정 단계의 타협과정을 분석해 보았다. 여기에서는 타협의 중요한 측면 중 하나인 적성 측면이 학생들의 의사결정 과정에 어떻게 관여하고 있는지 검토하고자 한다. 타협과정이 마무리되는 최종결정 단계에서의 의사결정 형태별 적성일치도 수준을 비교해 본 결과 그 차이는 통계적으로 유의미하였고(F =8.38, p 〈.05), 적성의 평균 및 표준편차는 <표 28>와 같다.

정시지원 전체 학생들의 의사결정 형태별(타협전략별) 적성을 비교해 보면, 1개 대학에 합격한 학생들의 적성이 가장 낮고, 희망 대학에 합격한 학생들의 적성이 가장 높다. 또한 명성추구 집단에서 적성이 상대적으로 낮게 나타나는데, 단일 내지 유사학과로 지원하고 나서 명성을 추구한 집단보다 다양한 학과를 지원하고 나서 최종적으로 명성을 추구한 집단의 적성이 더 낮다.

반면, 인기추구 집단의 적성은 높아서 명성추구 집단과 대비를 이루고 있다. 또한 이들보다 미분류에 속하는 학생들의 적성 평균이 높아서 미분류 집단 속에 적성을 추구한 학생들이 포함되었음을 추정할 수 있다.

〈표 28〉 최종결정 단계 타협전략별 적성일치도 차이

타협 전략	평 균	표준편차
희망대학 합격	12.41	2.57
1개 대학 합격	9.35	2.77
명성인기 추구	10.33	1.21
명성추구(단일)	10.09	2.73
명성추구	9.67	2.75
인기추구	10.42	2.50
미분류	11.00	1.90
전 체	10.73	2.86

5) 타협전략별 타협결과에 대한 적응도 차이

가) 학과만족도

타협전략을 달리한 학생들의 학과만족도가 서로 차이를 확인하기 위해 각 집단의 학과만족도 평균과 표준편차를 구하고 일원변량분석으로 그 차이의 통계적 유의미성을 검토하였다. 학과만족도는 타협유형 집단에 따라 통계적으로 유의미한 차이가 있다($F=7.61$, $p<.05$). 자신이 희망한 대학 및 학과에 진학한 학생들의 학과만족도가 가장 높고, 학과인기도를 추구한 타협을 했던 학생들의 학과만족도가 가장 낮았다. <표 29>의 각 집단별 평균 및 표준편차와 <부록 2>의 사후검증 결과표로 그 차이를 정리하였다.

<표 29> 최종결정 단계 타협전략별 학과만족도 차이

타협전략	학생수	평 균	표준편차
희망대 합격	75	101.53	12.98
1개대 합격	26	88.08	14.72
명성인기 추구	6	93.83	12.19
명성추구(단일학과)	45	88.21	17.30
명성추구	54	88.15	14.03
인기추구	12	83.90	13.99
미분류	11	86.27	17.94
전 체	229	92.37	15.87

<표 30> 최종결정 단계 타협전략별 학과만족도 하위요인의 평균과 표준편차

타협전략	일반만족		인식만족		학교만족		교과만족		관계만족	
	평균	표준편차	평균	표준편차	평균	표준편차	평균	표준편차	평균	표준편차
희망 대 합격	27.16	4.52	20.57	4.37	25.99	3.43	17.09	2.69	10.72	3.10
1개대 합격	22.08	5.35	15.96	3.85	22.31	3.74	16.31	3.67	11.42	2.80
명성인기 추구	25.00	1.90	19.00	2.28	23.17	3.54	16.17	3.19	10.50	3.27
명성추구(단일학과)	24.02	5.83	16.03	4.81	21.49	4.69	15.80	3.29	10.86	3.07
명성추구	23.12	4.77	15.66	4.08	22.89	4.42	15.58	3.21	10.91	2.50
인기추구	22.25	4.83	18.58	4.27	20.25	2.70	13.57	3.60	9.25	2.70
미분류	24.91	5.79	15.82	4.12	18.55	4.68	15.55	3.64	11.45	4.37
전 체	24.59	5.30	17.62	4.77	23.22	4.52	16.11	3.24	10.82	2.98

다음으로 학과만족도의 5개 하위요인에서는 각 집단이 어떤 차이를 보이는지 알아보았다. <표 30>에는 각 타협유형 집단별 학과만족도 하위요인의 평균과 표준편차를 정리하였다. 학과만족도의 하위요인 가운데 관계만족에서만 타협전략 집단별 차이가 통계적으로 유의

미하지 않고, 나머지 학교만족, 교과만족, 인식만족, 일반만족에서는 모두 통계적으로 유의미한 차이가 확인되었다.

희망 대학 및 학과에 진학한 학생들은 일반만족, 인식만족, 학교만족, 교과만족 등 거의 모든 학과만족도 하위 영역에서 가장 높은 점수를 보인다. 희망 대학 및 학과에는 합격하지 못했지만, 합격한 학교들 중 대학의 명성이나 학과의 인기도가 모두 높은 학교를 선택한 학생들의 만족도 하위영역 점수도 골고루 높게 나타나고 있다. 반면, 1개 대학에만 합격하여 그 대학과 학과로 진학할 수밖에 없었던 학생들은 일반만족과 인식만족이 특히 낮고, 대학의 명성을 중요하게 생각한 학생들은 인식만족이 특히 낮아 학과인기도를 포기한 타협 형태를 반영하고 있다. 인기추구 집단의 경우 학과의 인기도와 관련이 깊은 인식만족도를 제외한 일반만족, 학교만족, 교과만족, 관계만족이 모두 최하위이다. 인기추구 집단은 하위요인만이 아니라 학과만족도 전체 점수에서도 가장 낮은 점수에 있음을 앞서 확인하였다. 따라서 학과인기도를 중요하게 생각하고 대학의 명성을 포기한 학생들은 학과에 대한 만족도가 낮아 대학 생활에 어려움을 더 많이 겪을 가능성이 있다. 특히 교과와 관계에 대한 만족도가 다른 학생들에 비해 많이 낮아서, 인기학과에서의 학업 부담과 경쟁적인 학과분위기를 힘들어하는 것으로 예상된다.

나) 진로준비 행동

합리적이고 올바른 진로결정을 위해서 수행해야 하는 행동인 진로준비 행동의 수준은 통계적으로 유의미한 차이를 보이지 않는다(F = 2.00, p 〉.05). <표 31>의 평균과 표준편차, <부록 2>의 사후검증 결과에 정리된 바와 같이, 희망 대학 및 학과에 진학한 학생들, 1개 대학에 합격한 학생들, 대학명성이 높은 학교를 선택한 학생들, 미분류에 속하는 학생들이 대학명성과 학과인기도를 모두 추구한 학생들, 학과인기도만을 추구한 학생들에 비해 진로준비 행동 수준이 높은 것으로 나타났지만, 그 차이는 통계적으로 유의미하지 않으므로 해석에 주의를 요한다.

〈표 31〉 최종결정 단계 타협전략별 진로준비 행동 차이

타협전략	학생수	평 균	표준편차
희망대 합격	75	47.16	7.48
1개대 합격	26	46.08	7.84
명성인기 추구	6	41.17	7.14
명성추구(단일학과)	45	43.51	7.05
명성추구	54	45.76	7.86
인기추구	12	42.01	8.83
미분류	11	47.18	6.27
전 체	229	45.56	7.64

다) 진로변경 의사

졸업 후 다른 학과로 편입 또는 현재 전공과 다른 분야의 영역으로 진출을 계획하고 있거나 졸업 이전이라도 대학 입시에 재응시하거나 다른 방법으로 학과를 바꾸고 싶어 하는 정도를 학생들에게 질문하였다. 이러한 진로변경 의사는 최종결정 타협전략을 달리한 학생들 사이에서 통계적으로 유의미한 차이를 보이고 있다($F=10.33$, $p < .05$). 〈표 32〉에 진로변경 의사의 집단별 차이를 정리하였다. 자신이 가장 진학하고 싶었던 대학 및 학과에 합격한 학생들이 진로를 변경할 의사가 가장 낮고, 1개 대학에만 합격한 학생들이 향후 진로를 변경하고 싶은 마음이 가장 많은 것으로 나타나고 있다(〈부록 2〉 사후검증 결과표 참조).

〈표 32〉 최종결정 단계 타협전략별 진로변경 의사 차이

타협전략	학생수	평 균	표준편차
희망대 합격	75	16.03	5.22
1개대 합격	26	23.92	4.77
명성인기 추구	6	20.67	4.76
지위추구(단일학과)	45	21.07	6.75
명성추구	54	22.31	4.78
인기추구	12	20.83	5.31
미분류	11	21.36	8.82
전 체	229	20.03	6.27

나. 8가지 타협유형의 분포

앞서 의사결정의 각 단계에서 사회적 지위(대학명성 및 학과인기도)와 적성의 측면이 모두 학생들의 타협과정에 중요한 역할을 하고 있음을 확인하였다. 이러한 사실에 근거하여 사회적 지위(대학명성 및 학과인기도)와 적성의 두 가지 타협측면에서 논리적으로 도출되는 8가지 타협 유형이 모두 실재하는지 알아보았다. 단일 지원과 복수지원을 한 모든 연구대상에 대해, 희망 대학 및 학과와 재학 대학 및 학과를 기준으로 분석하였다. 분석의 결과, <표 33>에 나타난 바와 같이 여덟 가지 서로 다른 타협유형의 존재와 그 상대적 분포 차이를 확인할 수 있었다.

무타협 유형에 가장 많은 162명(41.6%)이 포함되어, 많은 학생들은 대학 입학 당시 이미 현실적인 기대를 가지고 있어서 자신이 진학할 대학과 학과를 결정하는 과정에서 타협할 필요가 없었음을 나

타내고 있다. 실제 타협을 했던 학생들이 포함되는 나머지 7개 타협 유형 중 그 빈도가 높은 유형은 제7유형인 대학명성 타협(대학명성 포기) 유형으로 93명(23.9%)의 학생들이 여기에 속한다. 적성추구 유형이 38명(9.8%), 학과인기도 타협 유형이 26명(6.7%), 대학명성 추구 유형이 25명(6.4%), 학과인기도 추구 유형이 18명(4.6%)의 순으로 각각 나타났다. 적성을 포기한 적성 타협 유형과 모든 영역을 포기할 수밖에 없었던 전체타협 유형이 각각 14명(3.6%)과 13명(3.5%)으로 가장 적다.

<표 33> 8가지 타협유형의 분포

타협유형	유형에 대한 설명	사례수	(%)
무타협	대학명성, 학과인기도, 적성 어느 쪽도 포기하지 않음	162	(41.6)
대학명성 추구	대학명성을 유지 또는 추구하면서, 학과인기도와 적성을 포기함	25	(6.4)
학과인기도 추구	학과인기도를 유지 또는 추구하면서, 대학명성과 적성을 포기함	18	(4.6)
적성추구	적성에 맞는 학과를 선택하기 위해, 대학명성과 학과인기도를 포기함	38	(9.8)
적성타협	적성을 포기하고, 대학명성과 학과인기도를 유지 또는 추구함	14	(3.6)
학과인기도 타협	학과인기도를 포기하고, 대학명성과 적성을 유지 또는 추구함	26	(6.7)
대학명성 타협	대학명성을 포기하고, 학과인기도와 적성을 유지 또는 추구함	93	(23.9)
전체타협	대학명성, 학과인기도, 적성 모든 면을 포기함	13	(3.3)
전 체		389	(100)

1) 성별 타협유형의 분포

타협유형의 성별 차이는 성별을 표시하지 않은 3명의 학생을 제외한 386명에 대해 분석하였다. 남자와 여자가 진로의사결정에서 타협하는 방식이 서로 다를 수 있다는 선행연구의 결과를 이론적 배경에서 살펴보았다(예, Leung, 1988; Pryor, 1985). 이 연구의 연구대상에 포함된 남학생과 여학생들에서도 이러한 성차가 나타나는지 알아보기 위해 성별 타협유형 분포를 검토하였다. <표 34>에 정리된 바와 같이, 남학생들 중 44.3%가 무타협 유형인데 비해 여학생들 중 무타협 유형의 비율은 39.2%로 여학생들이 대학 입시에서 더 많은 타협을 했다. 이는 선행연구의 결과와 일관된다.

<표 34> 성별 타협유형의 분포

타협유형	남학생(%)	여학생(%)	전 체
무타협	85(44.3)	76(39.2)	161
대학명성 추구	9(4.7)	16(8.2)	25
학과인기도 추구	7(3.6)	11(5.7)	18
적성추구	16(8.3)	21(10.8)	37
적성타협	7(3.6)	7(3.6)	14
학과인기도 타협	12(6.3)	14(7.2)	26
대학명성 타협	49(25.5)	43(22.2)	92
전체타협	7(3.6)	6(3.1)	13
전 체	192(100.0)	194(100.0)	386

2) 대학의 사회적 명성 수준별 타협유형의 분포

각 대학의 사회적 명성에 따라 타협유형의 분포가 다르게 나타나고 있다. 최고대학(1위), 최상위대학(2~3위), 상위대학(5~10위), 중위권대학(20위 밖)에서 나타난 8가지 타협유형의 분포를 <표 35>에 정리하였다. 최고대학과 최상위대학에서는 무타협 유형이 가장 높은 비율인 83.5%와 43.3%로 각각 나타난 것에 비해 상위대학이나 중위권대학에서는 대학명성 타협 유형이 가장 높은 비율인 49.5%와 42.1%로 나타나 큰 대비를 보이고 있다.

최고대학의 경우 대학명성에 대한 타협이 있을 수 없으므로 학과인기도 추구, 적성추구, 대학명성 타협, 전체타협 유형이 전혀 나타나지 않았다. 대학의 사회적 지위가 낮아지면서 대학명성을 포기하는 대학명성 타협 유형, 적성추구 유형, 학과인기도 추구 유형의 비율이 증가하고 있다. 이와 같은 사실들은 논리적으로 추론할 수 있는 타협 유형과 일치되는 결과로 타협 유형화의 타당성을 입증하고 있다.

<표 35> 학교수준별 타협유형의 분포

타협유형	최고대학 (%)	최상위대학 (%)	상위대 (%)	중위권대 (%)	전 체
무타협	91(83.5)	39(43.3)	16(16.8)	16(16.8)	162
대학명성 추구	6(5.5)	4(4.4)	10(10.5)	5(5.3)	25
학과인기도 추구	0(0.0)	4(4.4)	7(7.4)	7(7.4)	18
적성추구	0(0.0)	17(18.9)	6(6.3)	15(15.8)	38
적성타협	6(5.5)	5(5.6)	1(1.1)	2(2.1)	14
학과인기도 타협	6(5.5)	10(11.1)	5(5.3)	5(5.3)	26
대학명성 타협	0(0.0)	6(6.7)	47(49.5)	40(42.1)	93
전체타협	0(0.0)	5(5.6)	3(3.2)	5(5.3)	13
전 체	109	90	95	95	389

3) 대학입시 지원방법별 타협유형의 분포

대학입시 당시 수시지원을 한 학생들과 정시지원을 한 학생들 사이에서 타협유형의 분포가 어떤 차이를 보이는지 분석하였다(표 36). 수시지원으로 입학한 학생들의 47.7%가 무타협 유형으로 분류되어 정시지원으로 입학한 학생들의 37.6%만이 무타협 유형으로 분류되는 것과 차이를 보인다. 수시지원으로 진학한 학생들은 자신이 원하는 대학과 학과에 입학하는 것이 가능했기 때문에 보다 빨리 결정을 할 수 있었다는 것을 추측할 수 있고, 이러한 의사결정이 무타협 유형의 높은 분포로 나타난 것이다.

<표 36> 대입 지원방식별 타협유형의 분포

타협유형	수시지원(%)	정시전형(%)	전　체
무타협	74(47.7)	88(37.6)	162
대학명성 추구	7(4.5)	18(7.7)	25
학과인기도 추구	7(4.5)	11(4.7)	18
적성추구	16(10.3)	22(9.4)	38
적성타협	7(4.5)	7(3.0)	14
학과인기도 타협	9(5.8)	17(7.3)	26
대학명성 타협	32(20.6)	61(26.1)	93
전체타협	3(1.9)	10(4.3)	13
전　체	155	234	389

4) 타협유형별 학과만족도 차이

8개 타협유형 집단에 속하는 학생들의 학과만족도가 서로 차이가 나는지 알아보기 위해 각 집단의 학과만족도 평균과 표준편차를 구하고 일원변량분석으로 그 차이의 통계적 유의미성을 검토해 보았다. 학과만족도는 타협유형 집단에 따라 통계적으로 유의미한 차이가 있었고($F = 9.76$, $p < .05$), 그 차이는 <표 37>의 기술통계치와 <부록 2>의 사후검증 결과표로 정리하였다.

학과만족도의 평균값과 사후검증 결과에서 알 수 있듯이, 진로선택에서 타협을 하지 않았던 무타협 유형집단의 학과만족도가 가장 높고, 모든 부분을 포기해야 했던 전체타협 유형 집단의 학과만족도가 가장 낮다. 타협유형 간 차이를 좀 더 상세히 검토해 보면, 학과만족도인 학교만족의 경우 무타협 유형과 적성 타협 유형의 학교만족이 다른 집단보다 높고, 대학명성 타협, 적성추구, 전체타협 유형의 학교만족이 다른 집단보다 낮다. 학과만족도를 구성하는 학교만족이라는 요인은 학과 자체에 대한 만족보다는 학과에 소속된 대학 전체에 대한 만족도를 반영한 것이다. 그렇기 때문에 대학과 학과를 선택할 때 자신의 적성보다는 대학의 사회적 지위나 학과의 사회적 인지도를 중요하게 생각한 적성타협 유형집단의 학교만족이 높게 나올 수 있고, 대학의 사회적 지위를 포기했던 대학명성 타협 유형집단이나 적성추구 유형집단의 학교만족이 낮게 나올 수 있는 것이다. 따라서 이 결과는 이 연구의 타협 유형화 결과가 타당함을 시사하고 있다.

<표 37> 타협유형별 학과만족도의 평균과 표준편차

타협유형	학생수	평 균	표준편차
무타협	162	99.96	14.17
대학명성 추구	25	87.06	14.98
학과인기도 추구	18	89.53	14.79
적성추구	38	87.18	15.12
적성타협	14	89.21	9.57
학과인기도 타협	26	90.61	13.01
대학명성 타협	93	90.04	14.96
전체타협	13	78.39	15.56
전 체	389	93.29	15.48

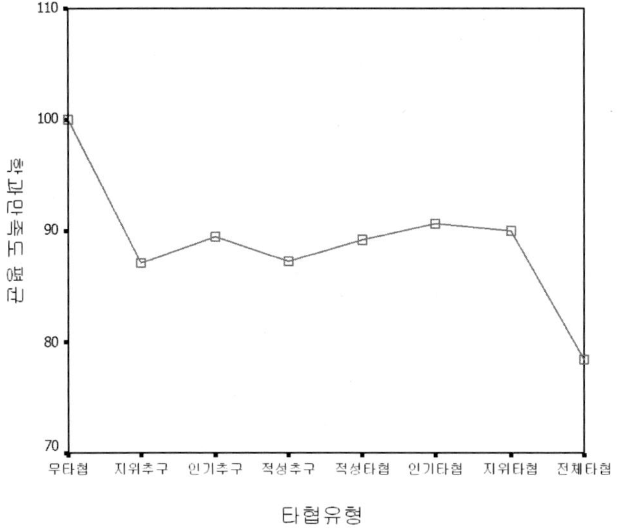

[그림 24] 타협유형별 학과만족도 평균

학과만족도의 평균값과 그 그래프에서 알 수 있듯이 진로선택에서 타협을 하지 않았던 무타협 유형집단의 학과만족도가 가장 높고, 모든 부분을 포기해야 했던 전체타협 유형 집단의 학과만족도가 가장 낮게 나타나고 있다.

다음으로 학과만족도의 5개 하위요인에서는 타협유형 집단이 어떤 차이를 보이는지 알아보았다. <표 38>에는 각 타협유형 집단별 학과만족도 하위요인의 평균과 표준편차를 정리하였고, 집단 간 차이에 대한 일원변량분석의 결과는 <표 39>와 같다. 학과만족도의 하위요인 가운데 관계만족만 타협유형 간 차이가 통계적으로 유의미하지 않고, 나머지 학교만족, 교과만족, 인식만족, 일반만족은 모두 타협유형 간 차이가 통계적으로 유의미하다.

<표 38> 각 타협유형의 학과만족도 하위 요인의 평균과 표준편차

		학교만족		교과만족		인식만족		일반만족		관계만족	
	N	m	SD	m	SD	m	SD	m	SD	m	SD
무타협	162	25.7	3.40	16.9	3.08	19.8	4.61	26.5	5.07	11.0	3.19
지위추구	25	23.2	3.94	15.4	3.24	14.9	5.16	22.5	6.58	11.0	2.93
인기추구	18	22.6	4.10	16.2	3.59	15.4	3.65	23.7	5.76	11.6	4.01
적성추구	38	21.4	4.90	15.4	3.12	16.3	4.76	23.3	4.67	10.8	2.92
적성타협	14	23.9	2.57	15.2	3.56	16.3	3.77	23.2	3.72	10.6	2.17
인기타협	26	23.4	4.63	15.8	2.87	17.1	3.57	23.4	4.40	10.9	2.09
지위타협	93	21.7	4.23	16.0	3.10	17.0	3.94	24.5	5.28	10.9	3.11
전체타협	13	20.8	4.26	13.2	3.86	14.8	4.88	19.2	5.05	10.2	2.09
Total	389	23.6	4.33	16.2	3.22	17.8	4.70	24.8	5.40	11.0	3.03

타협유형 간 차이를 사후검증을 통해 좀 더 상세히 검토해 보면, 학교만족의 경우 무타협집단과 적성타협집단의 학교만족이 다른 집단보다 높고 지위타협, 적성추구, 전체타협 집단의 학교만족이 다른 집단보다 낮게 나타나고 있다. 학과만족도를 구성하는 학교만족이라는 요인은 학과 자체에 대한 만족보다는 학과에 소속된 대학 전체에 대한 만족도를 반영한 것이다. 그렇기 때문에 대학과 학과를 선택할 때 자신의 적성보다는 대학의 사회적 지위나 학과의 사회적 인지도를 중요하게 생각한 적성타협집단의 학교만족이 높게 나올 수 있고, 대학의 사회적 지위를 포기했던 지위타협집단이나 적성추구집단의 학교만족이 낮게 나올 수 있는 것이다. 그리고 이 결과는 학생들의 학교만족이 대학을 선택할 당시와 크게 변화되지 않았을 가능성을 또한 시사하고 있다.

교과만족은 전체타협 집단의 교과만족이 다른 집단에 비해 많이 떨어지고 다른 집단들 사이의 차이는 크지 않다. 실제 자신이 진학한 대학의 각 학과에서 실시되고 있는 교육내용에 대한 만족도가 모든 부분에 타협을 해야했던 전체타협집단에서 두드러지게 낮게 나타났을 뿐이어서 타협유형 간 차이가 크게 나타나지 않는 요인으로 생각할 수 있다. 교육내용에 대한 만족은 각 대학에서 경험하는 실제적인 교육내용과 더 밀접한 관련이 있을 수 있으며, 연구대상의 재학 중 대학별 교과만족의 차이를 분석해 본 결과 8개 대학간 차이가 통계적으로 유의미하게 나고 있었다.

인식만족은 무타협 집단에서 매우 높게 나타나고 지위추구집단과 전체타협집단에서 가장 낮게 나타나고 있다. 인식만족이라는 요인은 학과에 대한 사회적인 인지도에 대해 얼마나 만족하는지와 관련된다. 따라서 지위추구집단에서 인식만족이 낮게 나타나는 것은 학과를 선택할 때 사회적 지위가 높은 대학에 들어오기 위해 학과의 인기도가 조금 낮은 학과를 선택했음을 그대로 반영하고 있는 것이다.

일반만족은 인기추구, 지위타협, 무타협 집단에서 상승하고 역시 전체타협집단에서 가장 낮게 나타나고 있다. 인기추구집단이나 지위타협집단은 대학의 지위보다는 학과의 인기도나 학과에 대한 자신의 적성을 중요하게 고려한 의사결정을 한 집단으로 이 잡단에서 학과에 대한 전반적인 만족도가 높은 것은 역시 대학보다는 학과 중심의 선택을 한 것이 지속적인 학과에 대한 만족으로 지속되고 있음을 보여준다.

관계만족은 집단 간 차이가 통계적으로 유의미하지 않지만, 인기추구집단의 관계만족도가 가장 높게 나타나고 있다는 사실은 흥미롭다. 관계만족이란 학과 내 교수, 선배, 동료들과의 관계에서 얼마나 만족하는가를 나타내는 지표로 인기추구집단 즉 인기도가 높은 학과를 선택한 학생들이 학과 내에서의 관계 형성도 잘하고 있다는 것은 좀 더 검토해 보아야 할것이다.

<표 39> 학과만족도 하위요인의 타협유형 간 차이에 대한 일원변량분석표

	SS	df	MS	F	Sig.
학교만족					
Between Groups	1375	7	196.45	12.71	0.00
Within Groups	5889	381	15.46		
Total	7264	388			
교과만족					
Between Groups	249	7	35.53	3.58	0.00
Within Groups	3784	381	9.93		
Total	4033	388			
인식만족					
Between Groups	1249	7	178.45	9.27	0.00
Within Groups	7337	381	19.26		
Total	8586	388			
일반만족					
Between Groups	1237	7	176.67	6.67	0.00
Within Groups	10091	381	26.49		
Total	11328	388			
관계만족					
Between Groups	18	7	2.56	0.28	0.96
Within Groups	3549	381	9.32		
Total	3567	388			

5) 타협유형별 학점의 차이

대학생들의 평균 학점은 대학생활의 만족도나 성실성을 반영해주어 학교생활의 적응 지표나 진로의사결정 이후 만족도 지표로 사용되는 경우가 많다. 본 연구에서는 연구대상자들에게 자신의 직전 학기 학점을 각 학점 범주로 응답하게 하였고, 타협유형에 따른 학점 범주의 분포는 <표 40>와 같다.

<표 40> 타협유형별 2001년 1학기 평균 학점 분포

	4.0 이상	3.5-3.9	3.0-3.4	2.5-2.9	2.4 이하	전　체
무타협	7	37	45	42	26	157
	4.5%	23.6%	28.7%	26.8%	16.6%	100.0%
지위추구	0	4	8	9	3	24
		16.7%	33.3%	37.5%	12.5%	100.0%
인기추구	1	3	5	8	0	17
	5.9%	17.6%	29.4%	47.1%		100.0%
적성추구	1	12	9	8	7	37
	2.7%	32.4%	24.3%	21.6%	18.9%	100.0%
적성타협	0	2	1	5	5	13
		15.4%	7.7%	38.5%	38.5%	100.0%
인기타협	2	5	6	10	1	24
	8.3%	20.8%	25.0%	41.7%	4.2%	100.0%
지위타협	4	22	26	28	13	93
	4.3%	23.7%	28.0%	30.1%	14.0%	100.0%
전체타협	0	4	6	1	2	13
		30.8%	46.2%	7.7%	15.4%	100.0%
전　체	15	89	106	111	57	378
	4.0%	23.5%	28.0%	29.4%	15.1%	100.0%

　　전체 연구대상과 더불어 대부분의 타협유형 집단에서 3.0-3.4 범주와 2.5-2.9 범주에서 최빈치를 보이고 있다. 단지, 적성추구집단은 3.5-3.9 범주에서 최빈치를 보여 이 집단 학생들의 학점이 상대적으로 높다는 것을 알 수 있고, 반면 적성타협집단은 2.4이하 범주에서 최빈치를 보여 이 집단의 학생들의 학점이 상대적으로 낮다는 것을 알 수 있다. 이 두 집단은 모두 대학 선택에서 자신의 적성을 가장

중요하게 고려한 집단과 다른 측면들 때문에 자신의 적성을 포기하고 진로를 결정한 집단이라는 대비를 보여, 학과에 대한 소질 / 적성 / 흥미는 학과 학업과 밀접히 관련이 있음을 예상할 수 있다.

그리고 전체타협집단의 학점 분포를 보면 3.5-3.9 범주와 3.0-3.4 범주를 구성하는 학생들의 비율이 전체집단보다 높아서 전체타협유형 집단의 학점이 또한 다른 타협유형 집단의 학점보다 상대적으로 높다는 것을 보여주고 있다. 전체타협집단의 사례 수가 매우 적어서 성급한 결론을 내리기는 곤란하지만, 전체타협집단이 다른 적응도 지표에서는 모두 가장 낮은 집단으로 분류되는 반면 학점에서는 높은 집단에 속한다는 점 또한 후속적인 검토가 필요한 부분이다.

6) 타협유형별 진로준비 행동 차이

진로준비 행동은 김봉환(1997)의 연구에 의하면, 대학생 집단의 경우 학년마다 차이가 있어 신입생(1학년)에서 가장 낮고 4학년 학생들에서 가장 높게 나타난다고 한다. 이 연구에는 신입생들만 참여하였고, 신입생들 사이에서 나타나는 진로준비 행동의 상대적인 차이를 검토해 보았다. 그 차이는 통계적으로 유의미하지 않았고(F =.87, p >.05), 신입생 시기에 진로준비 행동이 활발하게 이루어지지 않고 있기 때문일 것이다.

그러나 <표 41>에서 적성타협 유형집단의 진로준비 행동이 다른 집단에 비해 낮게 나타나고 있다. 적성타협이란 대학의 사회적 명성이나 학과인기도를 추구하기 위해 자신의 적성은 고려하지 않은 경우이다. 비록 통계적으로 유의미한 차이는 아니지만, 이 유형에 속하는 학생들이 다른 타협 유형집단의 학생들에 비해 진로준비 행동을 적게 하고 있다는 사실은 유형의 특성을 한편으로 나타내고 있다.

<표 41> 타협유형별 진로준비 행동의 평균과 표준편차

타협유형	학생수	평 균	표준편차
무타협	162	45.70	7.91
대학명성 추구	25	45.96	7.91
학과인기도 추구	18	43.72	8.22
적성추구	38	45.05	7.27
적성타협	14	41.71	9.10
학과인기도 타협	26	47.02	7.05
대학명성 타협	93	45.59	8.14
전체타협	13	43.54	9.40
전 체	389	45.41	7.95

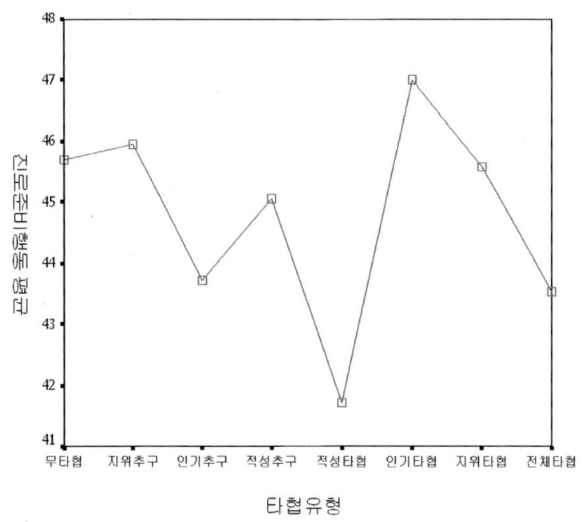

[그림 25] 타협유형별 진로준비 행동 평균

7) 타협유형별 진로변경 의사 차이

이 연구의 자료를 수집한 시기가 이미 신입생들이 한 학기를 보낸 이후이므로 대학입시에 다시 응시하기 위해 이미 학교를 휴학하 거나 떠난 신입생들은 연구대상에 포함되지 않았다. 그럼에도 불구 하고 여전히 현재 다니고 있는 대학이나 학과에 계속 머물기보다는 재수, 전과, 편입 등 진로변경에 대한 동기는 타협유형에 따라 차이 가 날 것으로 예상했다.

〈표 42〉 타협유형별 진로변경 의사의 평균과 표준편차

타협유형	학생수	평　균	표준편차
무타협	162	16.92	5.35
대학명성 추구	25	22.27	6.41
학과인기도 추구	18	23.67	6.09
적성추구	38	22.86	5.91
적성타협	14	21.43	3.74
학과인기도 타협	26	21.06	4.12
대학명성 타협	93	20.70	5.82
전체타협	13	25.15	5.53
전　　체	389	19.78	6.06

<표 42>에서 보는 바와 같이 진로변경 의사는 타협유형에 따라 차이를 보이고, 그 차이는 통계적으로도 유의미하다($F = 12.41$, $p =$ 〈.05). 사후검증 결과에 의하면, 진로변경 의사가 가장 낮은 집단은 무타협 유형이고, 대학명성 타협 유형도 낮은 편에 속한다. 전체타협 유형의 진로변경 의사가 가장 높은 것으로 나타났고, 다음으로 학과 인기도 추구 유형도 높은 편에 속한다. 또한 적성을 중요하게 생각 한 집단이 대학의 명성이나 학과의 인기도를 중요하게 생각한 집단 보다 진로를 변경하고 싶은 마음이 적고, 적성을 포기한 집단이 대 학의 사회적 명성이나 학과의 인기도를 포기한 집단보다 진로변경 의사가 높다는 점은 역시 타협 유형의 특성과 일관된다.

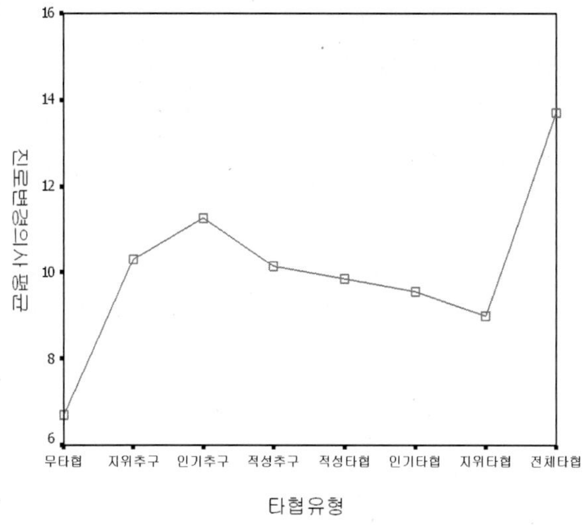

[그림 26] 타협유형별 진로변경 의사 평균

4. 논 의

가. 다중 의사결정 단계에 나타난 타협과정에 관한 논의

이 연구에서는 학생들이 진학하고 싶었던 대학 및 학과와 재학 중인 대학 및 학과가 대학명성, 학과인기도, 적성일치도의 면에서 어떤 차이가 나는지를 분석하여 타협과정을 추정하고자 하였다. 그러나 고교졸업자들이 대학에 지원서를 내고 입학하게 되기까지의 과정에는 보다 복잡한 의사결정 과정이 포함된다. 복수지원이 허용되었던 2001년 대학입시 제도를 고려해 볼 때, 복수지원을 했던 학생들이라면 지원할 학교를 선택하는 과정과 합격한 학교들 가운데 진학할 학교를 선택하는 과정의 다단계 의사결정을 거치게 된다. 대학입시 의사결정에서의 타협과정을 잘 이해하기 위해서는 이와 같은 세부 과정에서 나타나는 타협현상을 분석해야 한다. 이러한 필요성에 의해 입학원서를 제출할 대학과 학과를 결정하는 지원단계 의사결정과 합격한 학교들 가운데 진학할 학교를 선택하는 최종결정 단계 의사결정을 각각 검토한 다음, 두 과정의 관련성을 검토하였다. 또한 타협과정에서 중요한 측면으로 밝혀진 사회적 지위(대학의 명성과 학과의 인기도)와 자신의 적성과의 일치도를 동시에 고려하기 보다는, 사회적 지위의 영향과 적성의 영향을 순차적으로 분석하였다.

결과 부분에서 제시된 지원단계와 최종결정 단계를 거치는 복수지원 학생들의 의사결정 과정을 [그림 24]의 흐름도로 정리하였다. 먼저, 지원단계 의사결정에서는 희망 대학 및 학과에 지원한 학생들과 그렇지 못한 학생들로 구분하였다. 특히 희망 대학 및 학과에 지원하지 못한 학생들의 경우, 더 이상 타협을 미룰 수 없이 바로 타협을 해야만 했다. 이들 중 가장 많은 학생들은 희망 학과를 포기하기 보다는 대학의 수준을 낮추는 대학명성 타협행동을 보였다. 그리고 희망 대학은 포기했지만 학과는 포기하지 않은 이들 중 2 / 3 이상이 지원할 여러 대학과 학과를 선택할 때에도 그 학과에만 지원하거나, 그 학과에 모두 지원하고 한 학과만 다른 것을 선택하는 등 좀처럼 자신이 가고 싶었던 학과를 포기하지 않았다. 이러한 결과는 학생들이 대학과 학과를 선택할 때, 지금까지 자신이 생각해 온 학과에 지원하는 경우가 많고, 그것을 잘 바꾸려 하지 않는다는 것을 말해준다. 그리고 이들은 최종결정 단계에서도 이미 희망 학과에만 지원을 하였으므로 학과와 상관없이 합격한 대학 중 가장 명성이 높은 대학으로 진학 결정을 하게 된다.

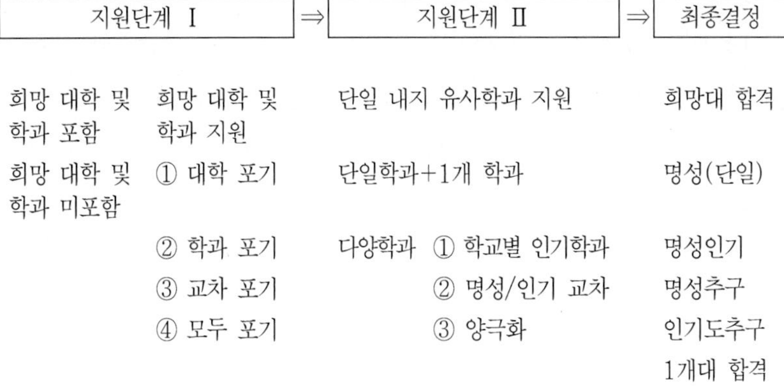

[그림 27] 다중 의사결정 과정 흐름도

지원할 여러 개의 학교를 선택하는 과정에서는 학교는 바꾸지만 한 학과에만 지원하는 형태와 대학의 명성과 학과의 인기도를 교차시키는 형태가 가장 두드러지게 나타나고 있다. 이 두 가지 지원양태는 다소 다른 특성을 갖는다. 한 가지 학과를 고수하면서 여러 학교에 지원하는 학생들의 경우는 이미 대학명성에 타협을 한 학생들이다. 따라서 자신이 원하는 학교에 합격한 학생들은 무타협 집단에, 자신이 원하는 학교에 합격하지 못한 학생들은 합격한 학교들 가운데 사회적 명성이 가장 높은 곳을 선택하여 대학명성 추구 집단에 속하게 된다. 반면, 대학의 명성과 학과의 인기도를 교차시키면서 명성이 높은 대학의 인기도 낮은 학과, 명성이 낮은 대학의 인기도 높은 학과 등의 대안으로 지원 학교를 구성한 학생들의 경우는 다르다. 이 학생들은 대학에 지원하는 시점에서 어떤 한 가지 형태의 타협을 취했다기보다는 어떤 형태의 타협이든 합격 결과 이후 결정하겠다는 입장이다. 실제 이들의 합격 이후 결정행동을 보면, 대학명성 추구가 가장 높게 나타나지만 다양한 형태의 타협과정이 나타나고 있다. 이러한 사실은 타협 시점을 합격 발표 이후로 미루고 있는 이들의 입장을 확인해 준다.

다음으로 최종결정 단계의 의사결정 양상을 보면, 합격한 대학들 중에서 사회적 지위가 조금이라도 높은 대학을 선택하는 학생의 비율이 월등히 높다. 비교적 의사결정 양식 간에 대등한 분포와 다양성을 보여주는 지원단계 의사결정과는 다른 점이다. 이렇게 최종결정 단계가 단순해지고 대학명성 추구 타협으로 편중되는 현상은 학생들의 합리적인 의사결정 과정을 반영한다고 볼 수 있다. 즉, 학과에 대해서는 지원단계(희망 대학 및 학과에 지원한 학생은 한 단계, 희망 대학 및 학과에 지원하지 못한 학생은 두 단계)에서 충분히 고려하였으므로, 합격이 된 학교들 가운데에서는 학과보다 학교 중심의 결정을 내리게 된다는 것이다. 특히, 한 가지 학과 내지 유사 학과에만 지원한 학생들의 경우는 앞서 지적한 바와 같이 이미 지원 당시 대학명성을 포기하고 자신이 원하는 학과를 선택하였다. 지원단계 의사결정 양식에서 대학명성만을 추구하는 경우가 적다는 이 연구의 결과 또한 지원단계에서는 학과를 보다 신중히 고려한다는 점을 입증한다. 즉, 자신이 관심이 없거나 다니고 싶지 않거나 전망이 없는 학과는 지원단계에서 제외시킨다는 점을 알 수 있다.

대학의 명성과 학과의 인기도라는 사회적 지위의 측면에서 지원단계와 최종결정 단계 타협과정이 어떤 방식으로 나타나는지 분석한 후 적성의 영향력을 검토하였다. 타협과정이 완료되었다고 할 수 있는 최종결정 단계 타협전략별로 학생들을 분류하고, 각 집단에 속하는 학생들의 적성일치도를 비교하였다. 자신이 가장 진학하고 싶었던 학교에 합격한 학생들의 적성이 가장 높게 나와 학생들은 자신의 적성에 맞는 학과를 진학하고 싶어 한다는 점도 알았다. 이 사실은 또한 합격할 수 있는 대학과 학과에 진학하기를 원했던 학생들, 즉, 현실적인 대안을 희망대안으로 가지고 있었던 학생들은 자신의 적성에 맞는 학과를 중심에 두고 희망하는 대학과 학과를 정했을 가능성도 보여준다. 반면, 한 대학에만 합격한 학생들과 다양한 학과에 지원하고 결국 대학의 명성을 추구한 학생들의 적성이 가장 낮게 나타나, 이 집단에 속하는 학생들은 자신의 적성을 중요하게 고려하지 않았음을 말해준다. 여기에서 진학할 대학과 학과를 선정할 때 자신의 적성영역을 고려하는 학생들은 보다 현실적인 기대를 가지고 있고, 대학에 지원하는 단계에서 보다 빨리 타협과정을 완료한다는 것을 알 수 있다. 그리고 학과인기도를 추구한 학생들의 경우도 적성의 수준이 중간 이상인데, 이는 인기가 높은 학과를 좀 더 선호하고 이를 자신의 적성과도 맞는다고 생각했을 가능성을 내포하고 있다. 그러나 본 자료만으로는 그 사실을 확신할 수는 없으므로 후속 연구를 통해 검토해 보아야 할 것이다.

수시지원 방식으로 응시하거나 한 대학에만 원서를 낸 학생들에 비해 복수지원을 하는 학생들은 보다 복잡한 타협과정을 거치게 되고, 타협과정에 대한 지침을 더욱 필요로 하는 집단일 것이다. 따라서 이 연구에서는 이들이 타협결과에 어떻게 적응하고 있는지 파악함으로써, 보다 적응적인 타협 전략을 제안해 보려고 하였다. 학과만족도, 진로준비 행동, 진로변경 의사 등 세 가지 진로영역 척도를 타협결과에 대한 적응도의 지표로 삼았다. 여기에서 좀 더 주의 깊게 검토해야 할 사항은 타협을 할 수밖에 없는 상황들이다. 첫째 지원 단계에서 한 학과 내지 유사학과로 학과의 폭을 좁히는 것이 다양한 학과를 지원하는 것보다 바람직한지 여부와 둘째 합격한 학교들 중 대학의 명성을 추구하는 것이 더 바람직한가 학과의 인기도를 추구하는 것이 더 바람직한가에 답하는 것이다.

먼저, 단일학과 내지 유사학과에 지원한 학생들의 학과만족도, 진로준비 행동, 진로변경 의사는 대학명성 추구 집단과 학과인기도 추구 집단에 비해 비교적 적응적이라고 볼 수 있다. 그리고 대학의 명성을 추구한 집단과 학과의 인기도를 추구한 집단을 비교하면, 학과만족도와 진로준비 행동에서 모두 학과인기도를 추구했던 학생들이 가장 낮은 점수로 나타났다. 그러나 진로변경 의사에 있어서는 대학의 명성을 추구했던 집단이 약간 높아서(통계적으로 유의미한 차이는 아님), 학과인기도를 추구하는 타협이 바람직하지 않다는 결론을 내리기는 곤란하다.

또한 1개 대학에만 합격한 학생들의 경우 학과만족도도 낮고 진로변경 의사도 높은 것으로 나타나 타협결과에 잘 적응하고 있다고 보기 곤란하다. 1개 대학에만 합격한 학생들의 경우, 대학에 지원할 당시 희망했던 대학과 학과에 대해서도 비현실적으로 높은 기대를 가졌고, 실제 지원행동에 있어서도 자신이 원하는 대안을 포기하지 못했음을 추정할 수 있다. 이와 같이 타협을 미리 준비하지 못한 학생들은 타협의 결과에 대해 적응을 하는 데에도 다른 학생들에 비해 더 어려워하고 있다.

마지막으로, 지금까지 논의 내용을 종합하여 복수지원 학생들의 의사결정 과정에 나타난 대표적인 타협행동을 <표 43>로 정리하였다.

〈표 43〉 복수지원 학생들의 대학 및 학과 선택과정

타협형태	지원단계 Ⅰ	지원단계 Ⅱ	최종결정 단계	타협의 시기
제1형	희망 대학 및 학과 지원	단일 내지 유사 학과 지원	희망대 합격 (무타협)	대학 및 학과 지원 이전
제2형	희망 대학 포기+희망 학과 지원	단일 내지 유사 학과 지원	대학명성 추구 (단일학과)	대학 및 학과 지원 단계
제3형	희망 학과 포기 or 교차 포기	학교별 인기학과 or 명성/인기교차	대학명성 추구 (비인기학과)	합격자 발표 이후
제4형	희망 대학 및 학과 모두 포기	명성/인기교차 or 양극화	1개 대학 합격	합격 발표 후 강제된 타협

여기에서 각 타협형태는 특히 타협의 시기가 다르다는 것을 발견할 수 있다. 즉, 제1형의 경우, 지원 당시 현실적으로 가능한 진로기대를 가지고 있었으므로 타협의 과정 없이 자신이 희망하던 대학과 학과에 진학하였다. 이 타협집단에 속하는 학생들은 타협을 전혀 하지 않았다기보다는, 대학을 지원하기 이전인 고등학교 생활을 해오면서 또는 그 이전부터 자신의 이상을 현실적인 진로기대로 타협해 왔다고 할 수 있다. 제2형의 경우, 제1형 만큼 오랫동안 타협의 시간을 가진 것은 아니지만, 지원할 대학과 학과를 결정하면서 타협과정을 거의 완료하였다. 따라서 합격 여부가 발표 난 다음 진학할 학교를 결정하는 단계는 어떤 갈등이나 타협도 없이 순조롭게 이루어졌다. 이에 반해 제3형과 제4형은 대학지원단계에서 충분히 타협하지 못하였고, 합격 결과를 받은 후 타협을 통해 진학할 대학을 결정하였다. 특히 1개 대학에만 합격한 학생들의 경우에는 어떤 방향으로 타협을 할 것인지를 결정할 여지도 없이, 주어진 타협을 수동적으로 받아들여야만 했다. 타협의 시기가 이렇게 달라짐에 따라 이후 타협결과에 대한 적응에 차이가 나고 있다. 타협을 빨리 한 학생일수록 이후 대학생활에 보다 잘 적응하고 있다는 이 연구의 결과는 대학진학 지도 및 진로상담 영역 전문가들에게 중요한 정보를 제공하고 있다.

나. 타협유형화에 관한 논의

예비연구를 통해 진로의사결정의 결과를 타협의 유형이라는 틀로 조망해 보는 것이 가능하다는 것을 확인하였다. 예비연구에서 사용했던 연구방법을 수정·보완하고, 복수지원 학생들의 다단계 의사결정 과정에서 나타나는 타협측면들의 상호관련성에 대한 검증을 바탕으로 타협과정 유형화를 시도하였다. 대학명성, 학과인기도, 적성일치도라는 세 가지 타협측면으로부터 이론적으로 상정한 8가지 타협유형이 실증적인 자료를 통해 검증되었다는 것이 이 연구의 의의라고 하겠다. 그러나 이 연구의 8가지 타협유형화 결과를 해석함에 있어 유의해야 할 점들이 있어 여기에서 논의해 보고자 한다.

첫째, 8가지 타협유형의 전반적인 분포를 살펴보면, 무타협 유형이 41.6%로 가장 많고, 다음으로 대학명성 타협 유형이 23.9%이다. 나머지 타협유형들은 이 두 유형에 비해 그 비율이 낮은 편이다. 특히 전체타협 유형은 3.3%로 가장 낮다. 이러한 분포의 차이를 그대로 수용하기 보다는 어느 정도의 보편성을 가질 것인가를 판단해야 한다. 먼저 이 연구의 자료수집 시기가 '2학기'였음을 고려해야 한다. 대학과 학과선택에 대해 만족하지 못하고 대학 입시를 다시 준비하는 학생들이 학교를 가장 많이 떠나는 시기가 1학기 중 휴학 가능기간과 여름방학인 점으로 볼 때, 이렇게 학교를 떠난 대부분의 학생들은 이 연구에 포함되지 않았음을 알 수 있다. 또는 자신이 진학하고자 했던 대학 및 학과와 재학 중인 대학 및 학과 사이의 차이를 그 동안의 학교생활을 통해 수용한 학생들은 희망 대학 및 학과란에 재학 중인 대학 및 학과를 그대로 기록했을 가능성도 배제할수 없다. 이러한 가설은 무타협 유형의 비율이 높다는 점, 전체타협유형의 비율이 낮다는 점을 부분적으로나마 설명해 준다. 즉, 8가지 타협유형이 존재한다는 연구결과는 그대로 받아들일 수 있지만, 8가지 타협유형의 상대적인 분포는 후속 연구를 통해 더 검증할 필요가 있다.

둘째, 이 연구에서 밝힌 성별 타협유형의 분포를 보면, 남학생은 여학생보다는 무타협 유형 비율이 높고, 여학생은 남학생보다 적성

추구 유형 비율에서 우위에 있다. 이는 선행연구(예, Gottfredson & Lapan, 1997; Leung, 1988; Pryor, 1985)에서 밝힌 진로의사결정에서의 성별 차이와 일관된다. 그러나 그 차이가 적어 통계적인 유의미성을 확보하지 못하였다. 이 연구에 포함된 학생들의 성비를 보면 전반적으로는 50 : 50의 비율을 이루고 있으나, 각급 대학별 학생들의 성비는 조금씩 다르다. 따라서 이 연구에서는 타협유형이 성별에 따라 달라질 수도 있다는 가능성만을 제시할 수 있을 뿐 어떤 결론을 내리기는 곤란하다.

셋째, 대학의 수준별 타협유형의 분포 차이에 대해서는 해석에 주의를 요한다. 연구대상에 가능한 다양한 학과를 포함시키려고 노력했으나 연구를 실시하는 현실적인 제약조건 때문에 완벽하게 균형 있는 표집을 하지 못하였다. 예를 들면, 최고대학의 경우 다른 학과에 비해 법대와 경영대의 비율이 너무 높았고, 최상위대학의 경우 2001년부터 학부제 대학이 운영되면서 한 단과대학 내에 포함된 학과의 수가 다른 대학교에 비해 상대적으로 높아서 학과 구분이 제대로 되지 못하였다. 또한 최상위대학의 경우는 수시지원방법으로 대학에 들어온 학생의 비율이 타대학에 비해 상대적으로 높았다. 즉, 최고대학의 타협유형의 분포는 수시지원자들의 타협유형 특성을 반영하고 있다는 점도 염두에 두어야 한다. 따라서 최고대학에서 무타협 유형의 비율이 80% 이상으로 높게 나타난 것을 보편적인 현상으로 받아들일 수는 없고, 최상위대학의 무타협 유형의 비율도 특차지원자의 비율이 높아지면서 더 상승했을 가능성도 있다. 그러나 최상위대학으로 갈수록 무타협 유형의 비율이 높아지고 중위권대학으로 갈수록 대학명성 타협 유형의 비율이 높아진다는 경향성은 분명한 현상이다.

넷째, 8개 타협유형화로 분류된 학생들의 타협행동이 해당되는 각 타협유형의 분류와 일치하는가에 관한 의문이 제기될 수 있다. 이 연구는 몇 가지 방법으로 그 타당성을 입증하려고 노력하였다. 먼저 진로영역에서의 적응 정도를 나타내주는 척도들을 가지고 8가지 타협유형에 속하는 학생들의 차이점을 비교해 보았다. 학과만족도, 진로준비 행동, 진로변경 의사 척도에서 8개 타협유형 집단에 속한 학생들은 예측한 방향으로 차이를 보여주어 타협유형화 절차의 타당성을 입증해 주었다. 그러나 진로준비 행동의 경우 차이가 통계적으로 유의미하지 않았으며, 어느 척도도 8가지 타협유형 각각을 구분해 주기에는 충분하지 않았다. 이에 연구자는 이 연구에 참여했던 학생들 중 검사결과를 받고 싶다는 의사를 밝힌 138명의 학생들에게 아래와 같은 답장을 보냈다.

◆ 대학명성 추구 유형에게 보낸 이메일

지난번 진로의사결정 검사에 응해주셔서 대단히 감사합니다. 검사의 결과의 전반부를 다음과 같이 알려드립니다. 결과에 대한 *** 님의 의견을 반영하여 후반부 결과를 완성하려고 합니다. 다음 결과 내용을 잘 읽어보시고, 주어진 질문에 대해 자유롭게 답해주시기 바랍니다. 후반부 결과는 답장이 도착한 이후 1주 후에 보내드릴 예정입니다.

〈검사결과 1〉
사람들은 종종 의사결정 과정에서 자신이 원하던 진로와 현실적으로 가능한 진로의 차이 때문에 고민하게 됩니다. 어떤 부분을 포기하지 않으면 어떤 결정도 할 수 없는 상황에서 적당히 타협하게 되지요. 본 검사는 이러한 타협이 대학과 학과를 결정하는 과정에서 어떻게 이루어졌는지를 알려줍니다. 당신의 타협유형은 대학과 학과를 선택하는 과정에서 대학의 사회적 명성을 가장 중요하게 고려한 "지위추구 타협유형"입니다. 지위추구타협이란 대학의 명성이나 지위를 다른 측면들보다 더 중요하게 생각하여 다른 측면들을 포기했음을 뜻합니다. 따라서 2001년 대학입학 당시 자신이 원하는 정도의 명성을 가진 대학에 진학하기 위해 비인기학과를 선택하거나 자신의 적성과 잘 맞지 않지만 합격이 가능한 학과를 선택한 경우입니다.

〈추가 질문〉
1. 당신은 대학과 학과를 결정할 당시 어떤 점을 가장 중요하게 생각하였습니까?
2. 당신은 대학과 학과를 결정할 당시 어떤 점을 포기하였습니까?
3. 검사결과 나타난 당신의 타협유형에 대해 어떻게 생각하고 느끼십니까?
4. 당신은 대학 및 학과 결정에 만족하십니까? 만족한다면 어떤 점에, 만족하지 않는다면 어떤 점에 만족하지 않습니까?
5. 당신의 대학 및 학과 결정에 만족하기 위해서 어떤 노력을 하고 있습니까?

응답해 주셔서 감사합니다.

이들 중 36명이 응답을 보내왔고, 추가질문 1번, 2번, 3번에 대한 응답내용과 연구자가 통보했던 타협유형이 어느 정도 일치하는지 비교해 보았다. 36명 가운데 28명의 응답내용이 타협유형화가 타당하게 이루어졌음을 입증해 주었다. 그러나 나머지 8명의 응답내용을 통해, 두 가지 새로운 발견을 하였다. 이 연구에서는 포함시키지 않았지만, 대학과 학과를 정하는 의사결정 과정에서 중요하게 고려되는 측면들이다. 특히 미래 직업의 전망이나 수능 점수는 많은 학생들이 고려하고 있지만 이 연구에서는 포함되지 않았다. 향후 진로의 사결정 연구에서 이러한 측면들이 검토되기를 기대한다. 그리고 자신이 중요하다고 생각하는 측면은 고수하고 덜 중요하다고 생각하는 측면을 포기하는 방식으로 타협이 일어난다는 타협과정에 대한 기존의 이론과 연구에 의문을 던져주었다. 몇몇 학생들의 응답내용을 보면, 자신이 가장 중요하게 고려했던 측면과 포기했던 측면이 일치하는 경우가 있었다. 즉, 자신에게 중요한 측면은 포기하지 않고 중요하지 않은 측면을 포기한다는 기존의 타협이론의 논의와는 달리, 자신에게 매우 중요하지만 포기할 수밖에 없는 상황이 타협과정에서 더 큰 영향력을 미칠 수 있다는 것이다.

다섯째, 진로의사결정을 해나가는 과정에서 타협을 하게 된다는 것은 자신이 선택한 진로대안이 충분히 만족스러운 것이 아닐 수 있음을 내포하고 있다. 따라서 타협이론은 타협과정과 더불어 타협결과에 대한 수용과 적응의 중요성을 강조하고 있다(예, Gottfredson, 1996). 이 연구에 참여한 학생들의 타협결과에 대한 수용도와 적응전략을 알아보기 위해 앞서 제시한 개방질문을 이메일로 보냈다. 개방질문을 이메일로 실시하면서 회수율이 20% 이하로 낮았다는 점, 질문이 정교화되지 못했던 점, 학생들의 답변 내용이 풍부하지 못했던 점 등으로 연구결과로 제시하지는 않았다. 타협결과에 대한 수용도나 적응전략의 타협유형별 차이를 발견해 내지는 못했지만, 어떤 방식으로 자신의 타협결과를 수용하고 적응해 나가는가에 대한 정보를 얻을 수 있었다. 먼저 응답자 총 36명 중 28명이 자신의 타협유형에 대해 대체로 수긍을 하여 전반적으로 학생들이 타협결과를 수용하고 있음을 확인하였다. 그러나 타협유형을 수긍하지 않은 8명의 학생 대부분이 상당히 방어적으로 자신의 타협을 부인하는 응답을 보내왔고, 이들이 현재 겪고 있는 진로문제를 표현한 것으로 볼 수 있다. 따라서 진로영역에서 어려움을 가지는 대학생들 중에는 타협결과를 받아들이지 못하여 곤란을 겪고 있는 학생들이 있다는 사실을 알 수 있다.

또한 학생들이 응답한 자신이 선택한 대학 및 학과에 만족하고 적응하기 위해 사용하고 있는 여러 전략들을 분류하여, 다음과 같이 목록으로 작성하였다.

1. 만족하려고 노력하기
   좋은 학교로 생각하려고 노력하기
   스스로에게 타이르기
   만족이 오기를 기다리기
   학교에 대한 사명감 갖기
   현재 학과의 미래전망에 대해 알아보기

2. 학교생활 열심히 하기
   학과공부 열심히 하기
   개인공부를 통해 학업 보충하기
   수업에 충실하기
   공부를 하면서 적성에 맞는 면 찾기
   학과 교수님, 선배, 동료, 후배들과 좋은 대인관계 형성하기
   공부 이외 학교활동에 적극적으로 참여하기
   학과정보 탐색하기

3. 교외활동에 참여하기
   전공관련과 관련된 자료 / 활동 찾아다니기
   개인실력 키우기
   문화공간 이용하기
   주어진 일에 최선을 다하기

어떤 새롭고 특이한 전략들은 아니지만 현재 대학신입생들이 타협 결과에 적응하기 위해 어떻게 생활하고 있는가를 알려주고 있다. 이

것은 대학생 지도에 중요한 자료로 활용될 수 있을 것으로 기대된다. 그리고 여기에 기술된 여러 적응전략은 타협을 많이 한 학생들만이 아니라, 무타협 유형에 속하는 학생들이 더 활발하게 사용하고 있었다. 무타협 유형에 속하는 학생들도 다른 타협유형과 다를 바 없이 자신의 선택 결과에 책임지기 위해 다각도로 노력하고 있다는 사실은 이 연구가 학교상담 실제에 주는 또 다른 시사점이다.

다. 진로상담 이론과 실제에 주는 시사점

상담은 생활에 잘 적응하지 못하여 어려움을 겪고 있는 사람들이 보다 적응적인 삶을 살 수 있도록 조력하는 활동 가운데 하나이다. 김계현(1995)은 전통적으로 상담 관련 교과서들이 인간의 인지, 행동, 감정에 대한 이론에 바탕을 두고 각 이론별 상담원리를 정리하는 방식에서 탈피하고, 새로운 상담학의 틀을 상담이 적용되는 문제영역별로 잡아나가야 함을 주장하고 있다. 김계현은 잠정적으로 상담의 적용영역을 정신건강문제와 상담, 성격문제와 상담, 교육 및 학습문제와 상담, 진로문제와 상담, 직업적 적응문제와 상담, 부부·가족문제와 상담, 기타문제와 상담(신앙, 죽음, 건강 등), 성장욕구와 상담 등 여덟 가지로 제안하였다. 각 적용영역별로 상담이론이나 모형이 아직 정립되지는 않았지만 여러 상담분야 연구자들이 관심을 가지고 연구하고 있다. 그리고 이 연구는 이러한 적용영역들 가운데 '진로문제와 상담'의 영역에 속한다. 진로영역에 대한 상담이론과 모형의 개발은 상담의 적용영역에 관한 논의가 대두되기 이전부터 서구에서는 꾸준히 발달해오고 있다. 그러나 진로문제는 사회의 구조 및 문화적 특성과 밀접히 관련되기 때문에 서구의 진로상담 모형을 우리나라 학생들에게 그대로 적용하기보다는 한국의 실정에 맞는 진로상담의 이론과 모형 개발이 요구된다. 실제로 학생들이 진로를 탐색하고, 결정하고, 실행에 옮기는 과정을 보다 세밀하게 관찰한 이 연구는 한국적 진로상담을 위한 상담이론 및 모형의 개발에 기여할 것이다.

이 연구는 고교졸업자들이 고등교육체제로 진학하는 과정에서 나타나는 의사결정 과정에 초점을 두었다. 대학입시 제도가 언제나 사회적인 쟁점 사항이 되고 있지만, 실제 학생들이 어떤 의사결정 과정을 거쳐 최종적인 진학대안을 결정하는지에 대한 관심은 상대적으로 적었던 것이 사실이다. 특히 진학할 대학과 학과를 결정하는 의사결정 과정에서는 가장 진학하기를 원했던 대학과 학과를 포기하고 다른 대안을 선택하는 타협의 과정을 거치는 학생들이 많다는 현상에 대한 논의와 연구는 더욱 부족하다. 많은 학생들이 자신이 원하거나 부모나 교사가 기대하는 진로대안을 선택하지 못하고 차선의 대안에 타협해야 한다는 현실을 고려한다면, 고교졸업생을 지도하는 교사 또는 학원의 입시전문가, 대학생의 진로문제를 조력하는 전문상담가들은 학생들이 거쳐야 하는 타협의 과정을 잘 이해해야 할 것이다.

이러한 타협과정에 대한 이해를 증진시키고자 하는 목적에서 출발한 이 연구는 먼저 타협과정에 관한 선행연구의 동향을 살펴보았다. 우리나라에서는 진로의사결정에 나타나는 타협과정에 관한 이론이나 연구를 거의 찾아볼 수 없었고, 서구의 타협과정에 관한 이론과 연구도 이론적 논박에 그치고 있다는 한계점을 가지고 있었다. 이에 연구자는 서구의 타협이론의 틀을 차용하여 우리나라 학생들의 타협과정을 이해하기 위한 연구에 착수하였다. 타협과정에 관한 이론을 정립한 Gottfredson(1981, 1996)은 타협의 중요한 측면으로 사회적 지위, 흥미, 성역할을 제시하고 있고, 그들 중 어떤 측면이 더 우선되는가를 밝히는 연구들이 뒷받침되었다. 그러나 실증적 연구의 일관성 없는 결과로 각 가치의 우선순위의 일반적인 경향성보다는 타협측면의 우선순위는 개인에 따라 다르다는 논의로 옮아가고 있다. 이러한 연구동향에 입각하여 이 연구는 타협의 각 측면을 각각 파악하고, 다음으로 그 우선순위의 차이를 타협행동을 유형화하는 방법으로 정리해 보고자 하였다. 그리고 상담 실제에 있어서는 무엇보다 한국적인 상황을 고려하였다. 서구의 타협이론에서 제시하는 사회적 지위, 흥미, 성역할의 세 측면을 대학의 지위, 학과의 인기도, 학과에 대한 적성일치도의 세 측면으로 변경하였다. 사회적 지위를 대학의 지위와 학과의 인기도의 두 가지 요소로 분리하였고, 성역할을 제외하였으며, 그 타당성은 타협유형을 정리하는 과정에서 밝혀졌다. 뿐만 아니라 대학 입시 제도의 특성상 여러 번의 의사결정을 거쳐 진학할 대학과 학과를 정하는 학생들에 대해서는 그 각 과정을 일일이 분석하고 상호관련성도 검토해 보았다. 비록 서구에서 발달한 이론에 기초한 연구이지만 그 탐구대상의 특성을 반영하여 연구를 고안하고 실행하여 한국의 실정을 반영하려고 노력하였다. 즉, 이 연구는 우리나라 학생들의 타협과정에 대한 이해를 높여줄 뿐만 아니라, 서구에서 이론적 쟁점이 되고 있는 타협과정에 관한 대안을 제시하고 있다.

이 연구가 상담 실제에 대해 갖는 가장 중요한 의의는 타협과정에 대한 인식도를 높이는 것이다. 이 연구가 의사결정을 하는 당사자만이 아니라 의사결정 과정을 조력하는 상담자들에게도 타협과정을 거치지 않고 의사결정에 도달하기 어렵다는 것을 일깨워 줄 것을 기대한다. 의사결정을 촉진하기 위하여 그리고 의사결정 이후 그 결정에 적응하기 위하여 타협의 각 측면에 대한 자신의 생각, 느낌, 행동을 탐색하고 정리하는 과정이 상담과정에 포함되어야 함을 이 연구는 시사하고 있다. 따라서 앞으로 진로관련 프로그램 개발과 활용서에 타협과정과 관련된 내용들이 더욱 부각되어야 할 것이다. 의사결정 과정에서 당연히 거치는 과정으로 상정하기보다는 보다 깊이 있게 타협과정을 다루어야 한다. 타협의 측면을 열거해 보고, 상대적 중요성을 평가하고, 이를 진로대안 각각에 적용하고, 타협에 방해가 되는 장애들을 확인하고, 타협이 어떤 결과를 초래할 것인지 예상하고, 이를 준비하는 등이 보강되어야 할 것이다. 또한 상담자들은 내담자가 타협을 잘 하도록 도와주는 상담기법을 개발하고 활용해야 할 것이다. 자기이해의 부족, 직업세계에 대한 탐색 부족, 결정에 대한 과도한 불안만이 아니라, 타협에 이르지 못하는 것이 진로를 결정하지 못하는 중요한 원인일 수 있다. 상담자는 내담자가 이를 극복할 수 있도록 조력하는 방법을 체득하고 활용해야 한다.

타협과정 자체의 중요성이 진로상담 실제에 주는 또 하나의 시사점은 자신이 선택한 진로대안에 적응하지 못하는 학생들 가운데 타협결과를 수용하지 못하는 학생들이 있다는 점이다. 이 연구에서 타협을 해야만 했던 학생들이 타협할 필요가 없었던 학생들에 비해 학과만족도, 진로준비 행동, 진로변경 의사의 모든 측면에서 부적응 양상을 보이고 있음이 확인되었다. 즉, 자신이 대학과 학과를 선택하면서 감행한 타협을 내적으로 수용하지 못한 것이, 학과에 대한 불만족, 진로에 대한 탐색을 미루고 있는 행동, 진로를 변경하고 싶어 하는 마음 등의 원인일 수 있다. 따라서 대학 및 학과에 불만을 가지고 잘 적응하지 못하고 있거나 진로를 변경하고자 하는 내담자와의 상담에서 이전 타협과정을 재검토하는 과정이 포함되어야 한다.

다음으로 이 연구에서 바람직한 대학 및 학과 선택에 관한 시사점을 찾아볼 수 있다. 다단계의 의사결정 단계를 거쳐 대학에 진학한 복수지원 학생들의 지원행동과 최종결정행동, 그리고 이후 적응으로 볼 때, 무엇보다 학생들이 실현가능한 진로대안을 가지고 있는 것이 바람직함을 알았다. 이 연구의 결과는 지원 시기 이전에 자신이 기대하는 대학과 학과를 현실적으로 합격이 가능한 대학과 학과로 조정한 학생들이, 자신의 적성과 맞는 영역으로 진학하고 대학생활에서도 잘 적응하고 있음을 보여준다. 이러한 결과는 복수지원한 학생들에 국한된 결과가 아니라 연구대상에 포함된 전체 학생들에 대한 분석에서도 나타났다. 또한 복수지원을 할 때에는 가능한 자신이 앞으로 공부하고 진출할 진로영역 내에서 여러 대안을 선택하는 것이 보다 바람직할 것이다. 대학의 명성과 학과의 인기도를 교차하면서 조금이라도 나은 학교 조금이라도 나은 학과에 합격해 보려는 학생들이나 합격가능성이 희박한 학교들에 지원하는 학생들은 대부분 적성에도 맞지 않는 학과에 진학하고 진학 후 진로영역에서도 계속 고민하고 있었다. 연구대상의 수가 충분히 확보되지 않아 결과의 해석에 유의해야 하지만, 합격한 대학 및 학과들 가운데 인기학과만을 추구한 학생들이 이후 학교생활에서 더 많은 어려움을 겪고 있었다. 이들은 대학의 명성에 대한 포기가 예상보다 더 큰 스트레스로 느끼거나, 인기학과라는 것 이외에 그 학과에 대한 충분한 이해가 부족했거나, 보다 경쟁적인 학과 분위기를 견디기 힘들어할 가능성이 있다. 따라서 인기학과 위주의 진로선택에서는 학생들에게 이런 부분들을 다시 한 번 점검하게 하는 지도가 필요하다.

라. 후속연구에 대한 제언

무엇보다 우리나라에서 타협과정에 관한 연구를 시작했다는 점과 실제로 행해진 의사결정을 대상으로 타협현상을 분석했다는 점이 이 연구의 가장 큰 의의이다. 이렇게 새로운 영역의 연구를 시작하였으므로 이 연구는 많은 제한점과 한계를 가지고 있다. 무엇보다 "잘한 타협"의 모델을 제시하기에는 부족한 점이 많다. 이 연구가 제시한 타협전략이나 타협유형의 특성, 학생들이 사용하고 있는 타협결과에 대한 적응과정 등이 향후 연구를 통해 보충되고, 그 결과들이 검증될 때, "잘한 타협"의 모델도 제시될 수 있을 것이다.

또한 이 연구가 대학 및 학과 결정과정을 대상으로 하고 있지만 타협과정에 초점을 두었다는 점과 2001년 입시제도에 국한하고 있다는 점의 한계를 가지고 있다. 특히 2001년 대학 입시제도는 수시지원과 정시지원을 모두 허용하고 가군에서 라군에 이르는 4개 군 복수지원을 허용함으로써 수험생들은 그 어느 해보다도 여러 학교에 지원할 수 있었다. 이 과정에서 갈등의 과정도 더 복잡했고 그 가운데 타협과정도 보다 역동적으로 나타났을 것이다. 자신이 진학할 대학과 학과를 결정하는 의사결정에는 타협과정 이외에 여러 중요한 과정이 포함되어 있다는 점, 대학입학제도가 달라짐에 따라 타협과정도 달라질 수 있다는 점 등을 고려해야 한다. 더불어 이 연구에서는 대학진학 의사결정 과정 가운데, 대학에 성공적으로 진학한 학생들만을 대상으로 실시되었다. 이들과 동일한 의사결정 과정을 거쳐 대학에 진학하지 않기로 결정한 학생들의 타협과정에 대한 이해도 필요하다. 따라서 대학 및 학과 선택에서 나타나는 타협과정에 관한 후속연구는 타협과정과 관련된 의사결정의 다른 과정들, 입시제도와 타협과정과의 상호작용, 진학을 포기한 학생들의 타협과정 등을 밝혀야 할 것이다.

마지막으로 서구에서 최근 활성화되고 있는 다문화적 연구의 관점에서 볼 때, 우리나라 학생들의 타협과정과 서구 학생들의 타협과정의 차이점을 밝히는 연구도 후속연구의 중요한 주제가 될 것이다. Phillips, Christopher-Sisk와 Gravino (2001)의 최근 연구에 의하면 대학을 결정하는 의사결정 과정은 한 개인이 하는 결정이라기보다는 타인의 개입이 다양한 방법으로 이루어지는 결정과정이라고 한다. 서구인들에 비해 동양인들이 의사결정 과정에서 타인에 게 더 많이 의존한다는 사실과 연결해 보면, 타협의 과정에 영향을 미치는 타인의 영향력이나 영향력을 행사하는 방식 등에 대한 차이를 검증해 보아야 할 것이다. 그리고 이미 미국에 살고 있는 동양인들이 미국인들보다 타협과정에서 지위 측면을 더 중요하게 생각한다는 연구들이 수행되었다(예, Leong & Chou, 1994; Leung, Ivey & Suzuki, 1994). 이러한 동서양간의 차이를 밝히는 연구는 학문간 교류에도 기여할 뿐만 아니라, 서구문화의 유입을 신속하게 받아들이는 신세대들과 기성세대 사이에서 빚어지는 세대간의 갈등을 이해하는 데에도 도움이 될 것이다.

참고문헌 ■□■

김계현 (1995). 상담심리학-적용영역별 접근-. 서울: 학지사.

김봉환 (1997). 대학생의 진로결정 수준과 진로준비 행동의 발달 및 이차원적 유형화. 서울대학교 박사학위청구논문.

노동부 (2000). 청소년용 직업흥미 검사. 서울: 한국산업인력공단 중앙고용정보원.

노동부 (2002a). 산업·직업별 고용구조 조사. 서울: 한국산업인력공단 중앙고용정보원.

노동부 (2002b). 청소년용 직업흥미 검사 사용자가이드. 서울: 산업인력공단 중앙고용정보원.

유정이·김지현·황매향 (2002), 초등학생 직업포부 및 인식의 발달에 관한 연구, 한국진로교육학회지, 15(2), 1~17.

서울대학교 학생생활연구소 (2001). 2001학년도 서울대학교 신입생 특성조사 보고서. 서울: 서울대학교 학생생활연구소.

서진숙 (1998). 대학생의 진로탐색 행동 측정도구 개발에 관한 연구. 서울대학교 석사학위청구논문.

안창규 (1995). 진로 및 적성탐색 검사의 해석과 활용. 서울: 한국가이던스.

안창규 (1996). Holland 적성탐색 검사. 서울: 한국가이던스.

중앙일보 (2000). 2000년도 중앙일보 대학·학과 평가. 서울: 중앙일보.

하혜숙 (2000). 대학생의 학과(학부) 만족과 학교 만족에 관한 연구. 서울대학교 석사학위청구논문.

한상근·진미석·이영대·임언·이지연·이양구·정윤경 (2001). 고등학생의 진로선택에 관한 조사. 서울: 한국직업능력개발원.

황매향·김계현 (2001). 진로의사결정에서의 타협과정에 관한 연구동향. 한국심리학회지: 상담 및 심리치료, 13(1), 111-124.

황매향·김지현·유정이 (2003). 중·고등학생의 직업인식 발달연구. 청소년상담연구, 11(1), 3-12.

Astin, A. W. & Panos, R. J. (1969). *The educational and vocational development of college students*. Washington D.C.: American Council on Education.

Bross, I. D. (1953). *Design for decision*. New York: Macmillan.

Carson, A. & Mowsesian, R. (1990). Some remarks on Gati's theory of career decision-making models. *Journal of Counseling Psycho-*

logy, 37(4), 502-507.

Cochran, L. (1983). Implicit versus explicit importance of career values in making a career decision. *Journal of Counseling Psychology, 30*, 188-193.

Cooley, W. W. & Lohnes, P. R. (1968). *Predicting development of young adults. Project TALENT five-year follow-up studies* (Interim report 5). Palo Alto: American Institutes for Research, Project TALENT.

Eihorn, H. J. (1970). The use of nonlinear, noncompensatory models in decision making. *Psychological Bulletin, 73*, 221-230.

Gati, I. (1986). Making career decisions: A sequential elimination approach. *Journal of Counseling Psychology, 33*(4), 408-417.

Gati, I. (1993). Career compromise. *Journal of Counseling Psychology, 40*(4), 416-424.

Gati, I., Houminer, D., & Aviram, T. (1998). Career compromises: framings and their implications. *Journal of Counseling Psycho-logy, 45*(4), 505-514.

Gati, I., Osipow, S. H., & Givon, M. (1995). Gender differences in career decision making: The content and structure of pre-ferences. *Journal of Counseling Psychology, 42*(2), 204-216.

Gati, I., Shenhav, M., & Givon, M. (1993). Processed involved in career preferences and compromises. *Journal of Counseling*

Psychology, 40(1), 53-64.

Gati, I. & Tikotzki, Y. (1989). Strategies for collection and proce-ssing of occupational information in making career decisions. *Journal of Counseling Psychology, 36*(3), 430-439.

Gelatt, H. B. (1962). Decision-making: A conceptual framing of reference for counseling. *Journal of Counseling Psychology, 9*(3), 240-245.

Gelatt, H. B. (1989). Positive uncertainty: A new decision-making framework for counseling. *Journal of Counseling Psychology, 36*, 252-256.

Ginzberg, E., Ginsburg, S. W., Axelrad, S., & Herma, J. L. (1951). *Occupational choices*. New York: Columbia University Press.

Gottfredson, L. S. (1980). Change and development in careers. Final report for grant NIE-76-0075. Baltimore: Center for Social Organization of Schools, The John Hopkins University (Eric Document No. ED 182 465).

Gottfredson, L. S. (1981). Circumscription and compromise: A develop-mental theory of occupational aspirations. *Journal of Counseling Psychology, 28*(6), 545-579.

Gottfredson, L. S. (1996). Gottfredson's theory of circumscription and compromise. In D. Brown & L. Brooks (Eds.), *Career choice and development* (3rd ed., pp.179-232). San Francisco: Jossey-Bass.

Gottfredson, L. S. (2003). Gottfredson's theory of circumscription, compromise, and self-creation. In D. Brown (Eds.), *Career choice and development* (4th ed., pp.85-148). San Francisco: Jossey-Bass.

Gottfredson, L. S. & Becker, H. J. (1981). A challenge to vocational psychology: How important are aspirations in determining male career development? *Journal of Vocational Behavior, 18*, 121-137.

Gottfredson, L. S. & Lapan, R. T. (1997). Assessing gender-based circumscription of occupational aspiration. *Journal of Career Assessment, 5*(4), 419-441

Harmon, L. W. (1971). The childhood and adolescent career plans of college women. *Journal of Vocational Behavior, 1*, 45-56.

Helwig, A. A. (2001). A test of Gottfredson's theory using a ten-year longitudinal study. *Journal of Career Development, 28*(2), 77-95

Hesketh, B. & Durant, C. (1990). Career compromise: A test of Gottfredson's (1981) theory using a policy-capturing procedure. *Journal of Vocational Behavior, 36*, 97-108.

Hesketh, B., Elmslie, S., & Kaldor, W. (1990). Career compromise: An alternative account to Gottfredson's theory. *Journal of Counseling Psychology, 37*(1), 49-56.

Hesketh, B., Pryor, R., & Gleizman, M. (1989). Fuzzy logic: Toward measuring Gottfredson's concept of occupational social space.

Holt, P. A. (1989). Differential effect of status and interest in the process of compromise. *Journal of Counseling Psychology, 36*(1), 42-47.

Hwang, M. & Heppner, M. J. (2001). Korean career choices: Cross-cultural validity of measures and inventories. Poster presented in APA conference, San Francisco, Aug. 24-28, 2001.

Janis, I. L. & Mann, L. (1977). *Decision making: A psychological analysis of conflict, choice, and commitment*. New York: Free.

Jensen, D. A. & Dilley, J. S. (1974). Vocational decision making models: A review and comparative analysis. *Review of Educational Research, 44*, 331-349.

Kaldor, D. R. & Zytowski, D. G. (1969). A maximizing model of occupational decision-making. *Personnel and Guidance Journal, 47*, 781-788.

Krumboltz, J. D. & Hamel, D. A. (1977). *Guide to career decision making skills*. New York: The College Entrance Examination Board.

Lapan, R. T. & Jingeleski, J. (1992). Circumscribing vocational aspirations in junior high school. *Journal of Counseling Psychology, 39*(1), 81-90.

Lee, W. C. & Kelly, K. R. (2002). Validating a map of the zone of acceptable alternatives. Poster presented in American Psychological Association conference, Chicago, IL, August 22-25, 2002.

Leong, F. T. L. (1991). Career development attributes and occupational values of Asian American and White American college students. *Career Development Quarterly, 39*, 221-230.

Leong, F. T. L. & Chou, E. L. (1994). The role of ethnic identity and acculturation in the vocational behavior of Asian Americans: An integrative review. *Journal of Vocational Behavior, 44*, 155-172.

Leung, S. A. (1988). An examination of circumscription and compromise in career decision-making among college students. Unpublished doctoral dissertation, University of Illinois, Urbana-Champaign, IL.

Leung, S. A. (1993). Circumscription and compromise: A replication study with Asian Americans. *Journal of Counseling Psychology, 40*(2), 188-193.

Leung, S. A., Ivey, D., & Suzuki, L. (1994). Factors affecting the career aspirations of the relative importance of sex type and prestige preferences in the process of career choice compromise,

Journal of Counseling and Development, 72, 404-410.

Leung, S. A & Plake, B. S. (1990). A choice dilemma approach for examining the relative importance of sex type and prestige preferences in the process of career choice compromise. *Journal of Counseling Psychology, 37*(4), 399-406.

Lichtenberg, J. W., Shaffer, M., & Arachtingi, B. M. (1993). Expected utility and sequential elimination models of career decision making. *Journal of Vocational Behavior, 42*, 237-252.

Mitchell, L. K. & Krumboltz, J. D. (1984). Research on human decision making: Implications for career decision making and counseling. In S. D. Brown & R. W. Rent (Eds.), *Handbook of counseling psychology* (pp.238-280). New York: Wiley.

Mitchell, T. R. & Beach, L. R. (1976). A review of occupational preference and choice research theory. *Journal of Occupational Psychology, 49*, 231-248.

Mitchell, W. D. (1975). Restle's choice model: A reconceptualization for a special case. *Journal of Vocational Behavior, 6*, 315-330.

Payne, J. W. (1976). Task complexity and contingent processing in decision making: An information search and protocol analysis. *Organizational Behavior and Human Performance, 16*, 366-387.

Phillips, S. D., Christopher-Sisk, E. K., & Gravino, K. L. (2001). Making career decisions in a relational context. *The Counseling Psycho-logist, 29*(2), 193-213.

Pitz, G. F. & Harren, V. A. (1980). An analysis of career decision making from the point of view of information processing and decision theory. *Journal of Vocational Behavior, 16*, 320-346.

Pryor, R. (1979). In search of a concept: Work values. *The Vocational Guidance Quarterly, 27*, 250-258.

Pryor, R. (1987). Compromise: The forgotten dimension of career development and choice. *British Journal of Guidance and Counseling, 13*, 225-237.

Restle, F. (1961). *Psychology of judgment and choice*. New York: Wiley.

Schneider, B. & Stevenson, D. (1999). *The ambitious generation: America's teenagers, motivated but directionless*. New Haven: Yale University.

Scott, C. S., Fenske, R. H., & Maxey, E. J. (1974). Change in vocational choice as a functional of initial career choice, interests, abilities, and sex, *Journal of Vocational Behavior, 5*, 285-292.

Simon, H. A. (1957). *Models of man: Social and rational*. New York: Wiley.

Simon, H. A. (1979). Rational decision-making in business organization. *The American Economic Review, 69*, 493-513.

Super, D. E. (1953). A theory of vocational development. *American Psychologist, 8*, 185-190.

Super, D. E. (1984). Career and life development. In D. Brown, L. Brooks, & Associates, *Career choice and development*. (pp.192-234). San Francisco: Jossey-Bass.

Svenson, O. (1979). Process descriptions of decision making. *Organizational Behavior and Human Performance, 23*, 86-112.

Tang, M., Fouad, N. A., & Smith, P. L. (1999). Asian Americans career choices: A path model to examine factors influencing their career choices. *Journal of Vocational Behavior, 54*, 147-157.

Taylor, N. B. & Pryor, R. G. L. (1985). Exploring the process of compromise in career decision making. *Journal of Vocational Behavior, 27*, 171-190.

Tversky, A. (1972). Elimination by aspects: A theory of choice. *Psychological Review, 79(4)*, 281-299.

Vandiver, B. J. & Bowman, S. L. (1996). A schematic reconceptualization and application of Gottfredson's model. In M. L. Savickas & W. B. Walsh (Eds.), *Handbook of career counseling theory and practice* (pp.155-168). Palo Alto: Davies-Black.

Wilkie, L. W. & Pessemier, E. A. (1973). Issues in marketing's use of multi-attribute attitude models. *Journal of Marketing Research, 10*, 428-441.

Worthington. E. L. & Dolliver, R. H. (1977). Validity studies of the Strong Vocational Interest Inventories. *Journal of Counseling Psychology, 24*, 208-216.

Wright, G. (1984). *Behavioral decision theory*. Newbury Park, CA: Sage.

Zakay, D. & Barak, A. (1984). Meaning and decision-making. *Journal of Vocational Behavior, 24*, 1-14.

Zytowski, D. G. (1974). Predictive validity of the Kuder Preference Record, Form B, over a 25-year span. *Measurement and Evaluation in Guidance, 7*, 122-129.

부 록

〈부록 1〉 직업인식 질문지

질문지 Ⅰ : 희망 직업

아래 질문들은 각 직업에 대해 여러분들이 가지고 있는 흥미의 정도를 알아보기 위한 것입니다. 여러분이 **"장래에 나는 이 직업을 가지고 싶다고 생각하는 정도"**를 생각하고, 자신의 생각과 일치하는 정도를 골라 해당번호에 O표 해주세요.

문 항	전혀 그렇지 않다	그렇지 않은 편이다	그저 그렇다	그런 편이다	매우 그렇다
1. 시사 프로그램 PD(방송 시사 프로그램을 기획, 제작한다)	1	2	3	4	5
2. 의학자(인체의 질병을 연구 진단한다)	1	2	3	4	5
3. 우체국직원(우편물을 분류, 발송한다)	1	2	3	4	5
4. 사회복지사(지역사회 주민의 복지를 위해 일한다.)	1	2	3	4	5
5. 특용작물 재배자(지역특산물을 재배한다)	1	2	3	4	5
6. 호텔경영자(호텔을 총괄 운영한다.)	1	2	3	4	5
7. 화가(그림을 그린다)	1	2	3	4	5
8. 지질학자(지질구조 및 암석을 연구한다)					
9. 보험설계사(보험가입을 권유하고 판매한다)	1	2	3	4	5
10. 상담가(도움을 필요로 하는 사람을 상담한다)	1	2	3	4	5
11. 과수 재배자(과일나무를 심고 수확한다)	1	2	3	4	5

문 항	전혀 그렇지 않다	그렇지 않은 편이다	그저 그렇다	그런 편이다	매우 그렇다
12. 경호원(신변보호를 위한 활동을 한다)	1	2	3	4	5
13. 합창단 지휘자(합창의 화음을 조정하며 지휘한다)	1	2	3	4	5
14. 응급구조원(위급한 환자를 긴급 운송한다)	1	2	3	4	5
15. 학원강사(학원에서 특정 교과목을 가르친다)	1	2	3	4	5
16. 자동차정비사(자동차를 정비 수리한다)	1	2	3	4	5
17. 중등학교 교사(중학교나 고등학교에서 학생들을 가르친다)	1	2	3	4	5
18. 오케스트라단원(오케스트라에서 악기를 연주한다)	1	2	3	4	5
19. 자동차영업사원(자동차를 판매한다)	1	2	3	4	5
20. 의상디자이너(새로운 의류디자인을 만든다)	1	2	3	4	5
21. 낙농업자(우유생산을 위해 젖소를 사육한다)	1	2	3	4	5
22. 도서관 사서(도서를 정리 분류하고 대출해준다)	1	2	3	4	5
23. 고위공무원(정부의 중요한 정책을 계획하고 주도한다)	1	2	3	4	5
24. 경찰관(시민의 안전을 위해 방범 및 수사활동을 한다)	1	2	3	4	5
25. 보모(고아원, 탁아소 등에서 아이들을 돌본다)	1	2	3	4	5
26. 형사(범죄 수사활동을 한다)	1	2	3	4	5
27. 캐릭터 디자이너(상품의 독특한 캐릭터를 만든다)	1	2	3	4	5
28. 화학자(유, 무기화학에 관련된 연구를 수행한다)	1	2	3	4	5

문 항	전혀 그렇지 않다	그렇지 않은 편이다	그저 그렇다	그런 편이다	매우 그렇다
29. 시인(시를 짓는다)	1	2	3	4	5
30. 소방관(화재를 예방하고 진압한다)	1	2	3	4	5
31. 간병인(몸이 불편한 환자를 돕는다)	1	2	3	4	5
32. 속기사(말하는 내용을 빠르고 정확하게 기록한다)	1	2	3	4	5
33. 축산업자(소나 돼지 등을 사육한다)	1	2	3	4	5
34. 회사경영자(회사의 대표로 중요한 결정을 책임진다)	1	2	3	4	5
35. 곡물 및 채소 재배자(곡물이나 채소를 재배한다)	1	2	3	4	5
36. 물리학자(물리적 현상을 연구한다)	1	2	3	4	5
37. 해외특파원(해외에서 사건을 취재한다)	1	2	3	4	5
38. 대표이사(회사의 중요정책을 결정한다)	1	2	3	4	5
39. 경리사무원(회사에서 현금장부를 기록 관리한다)	1	2	3	4	5
40. 화초 재배자(농장 등에서 화초를 재배한다)	1	2	3	4	5
41. 만화가(만화의 줄거리에 따라 적절한 그림을 그린다)	1	2	3	4	5
42. 소설가(소설을 쓴다)	1	2	3	4	5
43. 컴퓨터 조립원(컴퓨터 부품을 조립하여 완성한다)	1	2	3	4	5
44. 진로상담 교사(학생들의 진로를 지도한다)	1	2	3	4	5
45. 생물학자(생물의 성장과 기능에 관해 연구한다)	1	2	3	4	5
46. 신문기자(사건을 취재하여 신문기사를 작성한다)	1	2	3	4	5
47. 문학평론가(문학작품의 가치를 평가한다)	1	2	3	4	5
48. 수필가(수필을 쓴다)	1	2	3	4	5

문　항	전혀 그렇지 않다	그렇지 않은 편이다	그저 그렇다	그런 편이다	매우 그렇다
49. 계산원(계산대에서 상품의 값을 계산한다)	1	2	3	4	5
50. 유전공학자(생물체의 유전에 관해 연구한다)	1	2	3	4	5
51. 약학자(새로운 의약품을 연구, 개발한다)	1	2	3	4	5
52. 뉴스앵커(뉴스를 보도한다)	1	2	3	4	5
53. 유치원교사(유치원에서 아이들을 가르친다)	1	2	3	4	5
54. 음악평론가(음악작품이나 연주를 평가한다)	1	2	3	4	5
55. 통신판매원(고객에게 전화로 물건을 판다)	1	2	3	4	5
56. 은행원(창구에서 고객의 현금거래를 담당한다)	1	2	3	4	5
57. 일러스트레이터(그림이나 문양을 도안한다)	1	2	3	4	5
58. 성악가(가곡이나 아리아 등 고전음악을 노래한다)	1	2	3	4	5
59. 선박기관사(선박의 기계장치 등을 조작하여 선박을 운행한다)	1	2	3	4	5
60. 비서(문서를 정리하고 상사의 스케줄을 관리한다)	1	2	3	4	5
61. 전자제품 수리원(전자제품의 고장을 수리한다)	1	2	3	4	5
62. 외판사원(고객을 방문하여 물건을 판다)	1	2	3	4	5
63. 초등학교 교사(초등학교에서 아이들을 가르친다)	1	2	3	4	5
64. 은행지점장(은행의 총괄적인 업무를 조정 계획한다)	1	2	3	4	5

문 항	전혀 그렇지 않다	그렇지 않은 편이다	그저 그렇다	그런 편이다	매우 그렇다
65. 전기기사(전기장치를 설비 유지한다)	1	2	3	4	5
66. 방송기자(사건이나 뉴스를 취재 보도한다)	1	2	3	4	5
67. 시나리오 작가(TV드라마나 영화대본을 쓴다)	1	2	3	4	5
68. 판매원(고객에게 상품을 설명하고 판다)	1	2	3	4	5
69. 호스피스(말기환자가 편안하게 죽음을 맞이할 수 있도록 돕는다)	1	2	3	4	5
70. 작곡가(교향곡, 영화음악, 가요 등을 작곡하다)	1	2	3	4	5
71. 홍보담당자(제품판매를 위한 홍보전략을 세운다)	1	2	3	4	5

질문지 Ⅱ: 직업의 지위

이 질문지는 각 직업에 대해 여러분들이 생각하는 직업의 지위에 관해 알아보기 위한 것입니다. 여러분이 생각할 때 **"사람들이 이 직업을 가진 사람을 존경하는 정도"**를 판단하고, 자신의 생각과 일치하는 정도를 골라 해당번호에 ○표 해주세요.

문 항	전혀 그렇지 않다	그렇지 않은 편이다	그저 그렇다	그런 편이다	매우 그렇다
1. 시사 프로그램 PD(방송 시사 프로그램을 기획, 제작한다)	1	2	3	4	5
2. 의학자(인체의 질병을 연구 진단한다)	1	2	3	4	5
3. 우체국직원(우편물을 분류, 발송한다)	1	2	3	4	5
4. 사회복지사(지역사회 주민의 복지를 위해 일한다.)	1	2	3	4	5
5. 특용작물 재배자(지역특산물을 재배한다)	1	2	3	4	5
6. 호텔경영자(호텔을 총괄 운영한다.)	1	2	3	4	5
7. 화가(그림을 그린다)	1	2	3	4	5
8. 지질학자(지질구조 및 암석을 연구한다)					
9. 보험설계사(보험가입을 권유하고 판매한다)	1	2	3	4	5
10. 상담가(도움을 필요로 하는 사람을 상담한다)	1	2	3	4	5
11. 과수 재배자(과일나무를 심고 수확한다)	1	2	3	4	5

문 항	전혀 그렇지 않다	그렇지 않은 편이다	그저 그렇다	그런 편이다	매우 그렇다
12. 경호원(신변 보호를 위한 활동을 한다)	1	2	3	4	5
13. 합창단 지휘자(합창의 화음을 조정하며 지휘한다)	1	2	3	4	5
14. 응급구조원(위급한 환자를 긴급 운송한다)	1	2	3	4	5
15. 학원강사(학원에서 특정 교과목을 가르친다)	1	2	3	4	5
16. 자동차정비사(자동차를 정비 수리한다)	1	2	3	4	5
17. 중등학교 교사(중학교나 고등학교에서 학생들을 가르친다)	1	2	3	4	5
18. 오케스트라단원(오케스트라에서 악기를 연주한다)	1	2	3	4	5
19. 자동차영업사원(자동차를 판매한다)	1	2	3	4	5
20. 의상디자이너(새로운 의류디자인을 만든다)	1	2	3	4	5
21. 낙농업자(우유생산을 위해 젖소를 사육한다)	1	2	3	4	5
22. 도서관 사서(도서를 정리 분류하고 대출해준다)	1	2	3	4	5
23. 고위공무원(정부의 중요한 정책을 계획하고 주도한다)	1	2	3	4	5
24. 경찰관(시민의 안전을 위해 방범 및 수사활동을 한다)	1	2	3	4	5
25. 보모(고아원, 탁아소 등에서 아이들을 돌본다)	1	2	3	4	5
26. 형사(범죄 수사활동을 한다)	1	2	3	4	5
27. 캐릭터 디자이너(상품의 독특한 캐릭터를 만든다)	1	2	3	4	5
28. 화학자(유, 무기화학에 관련된 연구를 수행한다)	1	2	3	4	5

문 항	전혀 그렇지 않다	그렇지 않은 편이다	그저 그렇다	그런 편이다	매우 그렇다
29. 시인(시를 짓는다)	1	2	3	4	5
30. 소방관(화재를 예방하고 진압한다)	1	2	3	4	5
31. 간병인(몸이 불편한 환자를 돕는다)	1	2	3	4	5
32. 속기사(말하는 내용을 빠르고 정확 하게 기록한다)	1	2	3	4	5
33. 축산업자(소나 돼지 등을 사육한다)	1	2	3	4	5
34. 회사경영자(회사의 대표로 중요한 결 정을 책임진다)	1	2	3	4	5
35. 곡물 및 채소 재배자(곡물이나 채소 를 재배한다)	1	2	3	4	5
36. 물리학자(물리적 현상을 연구한다)	1	2	3	4	5
37. 해외특파원(해외에서 사건을 취재한다)	1	2	3	4	5
38. 대표이사(회사의 중요정책을 결정 한다)	1	2	3	4	5
39. 경리사무원(회사에서 현금장부를 기록 관리한다)	1	2	3	4	5
40. 화초 재배자(농장 등에서 화초를 재배한다)	1	2	3	4	5
41. 만화가(만화의 줄거리에 따라 적절 한 그림을 그린다)	1	2	3	4	5
42. 소설가(소설을 쓴다)	1	2	3	4	5
43. 컴퓨터 조립원(컴퓨터 부품을 조립 하여 완성한다)	1	2	3	4	5
44. 진로상담 교사(학생들의 진로를 지 도한다)	1	2	3	4	5
45. 생물학자(생물의 성장과 기능에 관 해 연구한다)	1	2	3	4	5
46. 신문기자(사건을 취재하여 신문기 사를 작성한다)	1	2	3	4	5
47. 문학평론가(문학작품의 가치를 평 가한다)	1	2	3	4	5

문 항	전혀 그렇지 않다	그렇지 않은 편이다	그저 그렇다	그런 편이다	매우 그렇다
48. 수필가(수필을 쓴다)	1	2	3	4	5
49. 계산원(계산대에서 상품의 값을 계산한다)	1	2	3	4	5
50. 유전공학자(생물체의 유전에 관해 연구한다)	1	2	3	4	5
51. 약학자(새로운 의약품을 연구, 개발한다)	1	2	3	4	5
52. 뉴스앵커(뉴스를 보도한다)	1	2	3	4	5
53. 유치원교사(유치원에서 아이들을 가르친다)	1	2	3	4	5
54. 음악평론가(음악작품이나 연주를 평가한다)	1	2	3	4	5
55. 통신판매원(고객에게 전화로 물건을 판다)	1	2	3	4	5
56. 은행원(창구에서 고객의 현금거래를 담당한다)	1	2	3	4	5
57. 일러스트레이터(그림이나 문양을 도안한다)	1	2	3	4	5
58. 성악가(가곡이나 아리아 등 고전음악을 노래한다)	1	2	3	4	5
59. 선박기관사(선박의 기계장치 등을 조작하여 선박을 운행한다)	1	2	3	4	5
60. 비서(문서를 정리하고 상사의 스케줄을 관리한다)	1	2	3	4	5
61. 전자제품 수리원(전자제품의 고장을 수리한다)	1	2	3	4	5
62. 외판사원(고객을 방문하여 물건을 판다)	1	2	3	4	5
63. 초등학교 교사(초등학교에서 아이들을 가르친다)	1	2	3	4	5
64. 은행지점장(은행의 총괄적인 업무를 조정 계획한다)	1	2	3	4	5

문　항	전혀 그렇지 않다	그렇지 않은 편이다	그저 그렇다	그런 편이다	매우 그렇다
65. 전기기사(전기장치를 설비 유지한다)	1	2	3	4	5
66. 방송기자(사건이나 뉴스를 취재 보도한다)	1	2	3	4	5
67. 시나리오 작가(TV드라마나 영화대본을 쓴다)	1	2	3	4	5
68. 판매원(고객에게 상품을 설명하고 판다)	1	2	3	4	5
69. 호스피스(말기환자가 편안하게 죽음을 맞이할 수 있도록 돕는다)	1	2	3	4	5
70. 작곡가(교향곡, 영화음악, 가요 등을 작곡하다)	1	2	3	4	5
71. 홍보담당자(제품판매를 위한 홍보전략을 세운다)	1	2	3	4	5

질문지 Ⅲ: 남성적 직업의 정도

196

이 질문지는 각 직업에 대해 여러분들이 생각하는 남성적인 직업의 정도를 알아보기 위한 것입니다. 여러분이 "이 직업이 전통적으로 남자들의 직업이라고 생각하는 정도"를 판단하여, 자신의 생각과 일치하는 정도를 골라 해당번호에 O표 해주세요.

문 항	전혀 그렇지 않다	그렇지 않은 편이다	그저 그렇다	그런 편이다	매우 그렇다
1. 시사 프로그램 PD(방송 시사 프로그램을 기획, 제작한다)	1	2	3	4	5
2. 의학자(인체의 질병을 연구 진단한다)	1	2	3	4	5
3. 우체국직원(우편물을 분류, 발송한다)	1	2	3	4	5
4. 사회복지사(지역사회 주민의 복지를 위해 일한다.)	1	2	3	4	5
5. 특용작물 재배자(지역특산물을 재배한다)	1	2	3	4	5
6. 호텔경영자(호텔을 총괄 운영한다.)	1	2	3	4	5
7. 화가(그림을 그린다)	1	2	3	4	5
8. 지질학자(지질구조 및 암석을 연구한다)					
9. 보험설계사(보험가입을 권유하고 판매한다)	1	2	3	4	5
10. 상담가(도움을 필요로 하는 사람을 상담한다)	1	2	3	4	5
11. 과수 재배자(과일나무를 심고 수확한다)	1	2	3	4	5

문 항	전혀 그렇지 않다	그렇지 않은 편이다	그저 그렇다	그런 편이다	매우 그렇다
12. 경호원(신변 보호를 위한 활동을 한다)	1	2	3	4	5
13. 합창단 지휘자(합창의 화음을 조정 하며 지휘한다)	1	2	3	4	5
14. 응급구조원(위급한 환자를 긴급 운 송한다)	1	2	3	4	5
15. 학원강사(학원에서 특정 교과목을 가르친다)	1	2	3	4	5
16. 자동차정비사(자동차를 정비 수리 한다)	1	2	3	4	5
17. 중등학교 교사(중학교나 고등학교 에서 학생들을 가르친다)	1	2	3	4	5
18. 오케스트라단원(오케스트라에서 악 기를 연주한다)	1	2	3	4	5
19. 자동차영업사원(자동차를 판매한다)	1	2	3	4	5
20. 의상디자이너(새로운 의류디자인을 만든다)	1	2	3	4	5
21. 낙농업자(우유생산을 위해 젖소를 사육한다)	1	2	3	4	5
22. 도서관 사서(도서를 정리 분류하고 대 출해준다)	1	2	3	4	5
23. 고위공무원(정부의 중 요한 정책을 계획하고 주도한다)	1	2	3	4	5
24. 경찰관(시민의 안전을 위해 방범 및 수사활동을 한다)	1	2	3	4	5
25. 보모(고아원, 탁아소 등에서 아이들을 돌본다)	1	2	3	4	5
26. 형사(범죄 수사활동을 한다)	1	2	3	4	5
27. 캐릭터 디자이너(상품의 독특한 캐 릭터를 만든다)	1	2	3	4	5
28. 화학자(유, 무기화학에 관련된 연구 를 수행한다)	1	2	3	4	5

문 항	전혀 그렇지 않다	그렇지 않은 편이다	그저 그렇다	그런 편이다	매우 그렇다
29. 시인(시를 짓는다)	1	2	3	4	5
30. 소방관(화재를 예방하고 진압한다)	1	2	3	4	5
31. 간병인(몸이 불편한 환자를 돕는다)	1	2	3	4	5
32. 속기사(말하는 내용을 빠르고 정확하게 기록한다)	1	2	3	4	5
33. 축산업자(소나 돼지 등을 사육한다)	1	2	3	4	5
34. 회사경영자(회사의 대표로 중요한 결정을 책임진다)	1	2	3	4	5
35. 곡물 및 채소 재배자(곡물이나 채소를 재배한다)	1	2	3	4	5
36. 물리학자(물리적 현상을 연구한다)	1	2	3	4	5
37. 해외특파원(해외에서 사건을 취재한다)	1	2	3	4	5
38. 대표이사(회사의 중요정책을 결정한다)	1	2	3	4	5
39. 경리사무원(회사에서 현금장부를 기록 관리한다)	1	2	3	4	5
40. 화초 재배자(농장 등에서 화초를 재배한다)	1	2	3	4	5
41. 만화가(만화의 줄거리에 따라 적절한 그림을 그린다)	1	2	3	4	5
42. 소설가(소설을 쓴다)	1	2	3	4	5
43. 컴퓨터 조립원(컴퓨터 부품을 조립하여 완성한다)	1	2	3	4	5
44. 진로상담 교사(학생들의 진로를 지도한다)	1	2	3	4	5
45. 생물학자(생물의 성장과 기능에 관해 연구한다)	1	2	3	4	5
46. 신문기자(사건을 취재하여 신문기사를 작성한다)	1	2	3	4	5
47. 문학평론가(문학작품의 가치를 평가한다)	1	2	3	4	5

문 항	전혀 그렇지 않다	그렇지 않은 편이다	그저 그렇다	그런 편이다	매우 그렇다
48. 수필가(수필을 쓴다)	1	2	3	4	5
49. 계산원(계산대에서 상품의 값을 계산한다)	1	2	3	4	5
50. 유전공학자(생물체의 유전에 관해 연구한다)	1	2	3	4	5
51. 약학자(새로운 의약품을 연구, 개발한다)	1	2	3	4	5
52. 뉴스앵커(뉴스를 보도한다)	1	2	3	4	5
53. 유치원교사(유치원에서 아이들을 가르친다)	1	2	3	4	5
54. 음악평론가(음악작품이나 연주를 평가한다)	1	2	3	4	5
55. 통신판매원(고객에게 전화로 물건을 판다)	1	2	3	4	5
56. 은행원(창구에서 고객의 현금거래를 담당한다)	1	2	3	4	5
57. 일러스트레이터(그림이나 문양을 도안한다)	1	2	3	4	5
58. 성악가(가곡이나 아리아 등 고전음악을 노래한다)	1	2	3	4	5
59. 선박기관사(선박의 기계장치 등을 조작하여 선박을 운행한다)	1	2	3	4	5
60. 비서(문서를 정리하고 상사의 스케줄을 관리한다)	1	2	3	4	5
61. 전자제품 수리원(전자제품의 고장을 수리한다)	1	2	3	4	5
62. 외판사원(고객을 방문하여 물건을 판다)	1	2	3	4	5
63. 초등학교 교사(초등학교에서 아이들을 가르친다)	1	2	3	4	5
64. 은행지점장(은행의 총괄적인 업무를 조정 계획한다)	1	2	3	4	5

문 항	전혀 그렇지 않다	그렇지 않은 편이다	그저 그렇다	그런 편이다	매우 그렇다
65. 전기기사(전기장치를 설비 유지한다)	1	2	3	4	5
66. 방송기자(사건이나 뉴스를 취재 보도한다)	1	2	3	4	5
67. 시나리오 작가(TV드라마나 영화대본을 쓴다)	1	2	3	4	5
68. 판매원(고객에게 상품을 설명하고 판다)	1	2	3	4	5
69. 호스피스(말기환자가 편안하게 죽음을 맞이할 수 있도록 돕는다)	1	2	3	4	5
70. 작곡가(교향곡, 영화음악, 가요 등을 작곡하다)	1	2	3	4	5
71. 홍보담당자(제품판매를 위한 홍보전략을 세운다)	1	2	3	4	5

〈부록 2〉대학 및 학과 선택에서의 타협과정 관련

① 예비연구에 사용한 타협유형화를 위한 질문지
② 대학명성 순위 표 및 학과인기도 순위 표 작성과정
③ 이 연구에서 사용한 타협유형화 및 유형 특성기술을 위한
질문지
④ 사후검증 결과

① 예비연구에 사용한 타협유형화를 위한 질문지

대학생 진로의사결정 검사

<u>인적사항</u>

다음의 각 문항들은 대학생의 진로의사결정 과정과 밀접한 관계가 있는 기초정보에 관한 질문들입니다. 각 질문에 바로 응답하거나 해당란에 동그라미(○) 하시기 바랍니다.

연령: 만 _______ 세　　　성별: (남, 여)　　결혼 여부: (미혼, 기혼, 이혼)

출신지역: (서울 및 수도권, 광역시, 중소도시, 기타)

현거주지: (서울 및 수도권, 광역시, 중소도시, 기타)

처음으로 대학에 입학한 연도: _________ 년

현재 대학에 입학한 연도: _________ 년

현재 학년: (1학년, 2학년, 3학년, 4학년 이상)

현재 다니고 있는 대학에 지원한 방법: (특차전형, 일반전형)

지금까지 대학입학 시험에 응시한 횟수: (1회, 2회, 3회, 4회, 5회 이상)

지금 다니고 있는 대학(또는 학과) 이외의 다른 대학에 다닌 적이 있습니까?(예, 아니오)

다닌 적이 있다면: _______ 대학, _______ 과, _______ 학기 동안
　　　　　　　　　 _______ 대학, _______ 과, _______ 학기 동안

지금 다니고 있는 대학 / 학과 이외의 다른 대학으로 옮길 계획이 있습니까?(예, 아니오)

계획을 가지고 있다면: (구체적 계획은 없음, 대학입시 재응 시, 전과, 편입, 기타)

<u>나의 대학 및 학과 선택</u>

지금부터 대학입학 당시를 떠올려 주십시오. 올해 대학입학 원서를 제출했던 모든 대학 및 학과를 적고, 각 질문에 0점에서 10점 사이의 점수로 답해주시기 바랍니다(해당번호에 표). 높은 점수는 강한 긍정을 낮은 점수는 강한 부정을 나타냅니다.

1. 가장 가고 싶어 했던 대학 및 전공: ______ 대학 ______ 학과(학부)

　　난 이 대학 이 학과에 합격하기를 가장 원했다.
　　① 　② 　③ 　④ 　⑤ 　⑥ 　⑦ 　⑧ 　⑨ 　⑩

　　우리 부모님은 내가 이 대학 이 학과에 합격하기를 매우 바라셨다.
　　① 　② 　③ 　④ 　⑤ 　⑥ 　⑦ 　⑧ 　⑨ 　⑩

　　이 대학의 사회적 지명도가 매우 높다고 생각했다.
　　① 　② 　③ 　④ 　⑤ 　⑥ 　⑦ 　⑧ 　⑨ 　⑩

　　이 학과는 매우 인기가 있는 학과라고 생각했다.
　　① 　② 　③ 　④ 　⑤ 　⑥ 　⑦ 　⑧ 　⑨ 　⑩

이 학과가 나의 흥미와 가장 잘 맞는 학과라고 생각했다.
① ② ③ ④ ⑤ ⑥ ⑦ ⑧ ⑨ ⑩

2. 현재 다니고 있는 대학 및 전공: _______ 대학 _______ 학과(학부)

난 이 대학 이 학과에 합격하기를 가장 원했다.
① ② ③ ④ ⑤ ⑥ ⑦ ⑧ ⑨ ⑩

우리 부모님은 내가 이 대학 이 학과에 합격하기를 매우 바라셨다.
① ② ③ ④ ⑤ ⑥ ⑦ ⑧ ⑨ ⑩

이 대학의 사회적 지명도가 매우 높다고 생각했다.
① ② ③ ④ ⑤ ⑥ ⑦ ⑧ ⑨ ⑩

이 학과는 매우 인기가 있는 학과라고 생각했다.
① ② ③ ④ ⑤ ⑥ ⑦ ⑧ ⑨ ⑩

이 학과가 나의 흥미와 가장 잘 맞는 학과라고 생각했다.
① ② ③ ④ ⑤ ⑥ ⑦ ⑧ ⑨ ⑩

3. 지원했던 대학 1): _______ 대학 _______ 학과(학부) (합격, 불합격)

난 이 대학 이 학과에 합격하기를 가장 원했다.
① ② ③ ④ ⑤ ⑥ ⑦ ⑧ ⑨ ⑩

우리 부모님은 내가 이 대학 이 학과에 합격하기를 매우 바라셨다.

① ② ③ ④ ⑤ ⑥ ⑦ ⑧ ⑨ ⑩

이 대학의 사회적 지명도가 매우 높다고 생각했다.

① ② ③ ④ ⑤ ⑥ ⑦ ⑧ ⑨ ⑩

이 학과는 매우 인기가 있는 학과라고 생각했다.

① ② ③ ④ ⑤ ⑥ ⑦ ⑧ ⑨ ⑩

이 학과가 나의 흥미와 가장 잘 맞는 학과라고 생각했다.

① ② ③ ④ ⑤ ⑥ ⑦ ⑧ ⑨ ⑩

4. 지원했던 대학 2): ______ 대학 ______ 학과(학부) (합격, 불합격)

난 이 대학 이 학과에 합격하기를 가장 원했다.

① ② ③ ④ ⑤ ⑥ ⑦ ⑧ ⑨ ⑩

우리 부모님은 내가 이 대학 이 학과에 합격하기를 매우 바라셨다.

① ② ③ ④ ⑤ ⑥ ⑦ ⑧ ⑨ ⑩

이 대학의 사회적 지명도가 매우 높다고 생각했다.

① ② ③ ④ ⑤ ⑥ ⑦ ⑧ ⑨ ⑩

이 학과는 매우 인기가 있는 학과라고 생각했다.

① ② ③ ④ ⑤ ⑥ ⑦ ⑧ ⑨ ⑩

이 학과가 나의 흥미와 가장 잘 맞는 학과라고 생각했다.
① ② ③ ④ ⑤ ⑥ ⑦ ⑧ ⑨ ⑩

5. 지원했던 대학 3): _______ 대학 _______ 학과(학부) (합격, 불합격)

난 이 대학 이 학과에 합격하기를 가장 원했다.
① ② ③ ④ ⑤ ⑥ ⑦ ⑧ ⑨ ⑩

우리 부모님은 내가 이 대학 이 학과에 합격하기를 매우 바라
셨다.
① ② ③ ④ ⑤ ⑥ ⑦ ⑧ ⑨ ⑩

이 대학의 사회적 지명도가 매우 높다고 생각했다.
① ② ③ ④ ⑤ ⑥ ⑦ ⑧ ⑨ ⑩

이 학과는 매우 인기가 있는 학과라고 생각했다.
① ② ③ ④ ⑤ ⑥ ⑦ ⑧ ⑨ ⑩

이 학과가 나의 흥미와 가장 잘 맞는 학과라고 생각했다.
① ② ③ ④ ⑤ ⑥ ⑦ ⑧ ⑨ ⑩

6. 지원했던 대학 4): _______ 대학 _______ 학과(학부) (합격, 불합격)

난 이 대학 이 학과에 합격하기를 가장 원했다.
① ② ③ ④ ⑤ ⑥ ⑦ ⑧ ⑨ ⑩

우리 부모님은 내가 이 대학 이 학과에 합격하기를 매우 바라셨다.

①   ②   ③   ④   ⑤   ⑥   ⑦   ⑧   ⑨   ⑩

이 대학의 사회적 지명도가 매우 높다고 생각했다.

①   ②   ③   ④   ⑤   ⑥   ⑦   ⑧   ⑨   ⑩

이 학과는 매우 인기가 있는 학과라고 생각했다.

①   ②   ③   ④   ⑤   ⑥   ⑦   ⑧   ⑨   ⑩

이 학과가 나의 흥미와 가장 잘 맞는 학과라고 생각했다.

①   ②   ③   ④   ⑤   ⑥   ⑦   ⑧   ⑨   ⑩

끝까지 응답해 주셔서 대단히 감사합니다. 이 연구 또는 검사지에 대해서 의문점이 있으신 분들은 아래 연락처로 질문을 보내주시면 답변해 드리겠습니다.

서울시 관악구 신림동 서울대학교 사범대학 교육학과 박사과정 황매향 또는 maehyang@hotmail.com 입니다.

② 대학명성 순위 표 및 학과인기도 순위 표 작성과정

일반인들의 보편적인 인식을 반영하기 위해 가능한 다양한 직업에 종사하고 있는 일반인들을 포함시키려고 노력하였다. 대학 입시와 밀접한 관련을 맺고 있는 고교교사 집단, 생산직, 사무직, 연구직 등에 종사하고 있는 회사원 집단, 국가기관에 종사하고 있는 공무원 집단, 비정규직(전업주부 포함) 종사자들 중에서 총 129명을 표집하였다. 남자가 77명, 여자가 52명으로 성별 분포도 골고루 이루어 질 수 있도록 표집하였고, 각 직종별 연구대상의 분포는 <표 1>에 정리하였다.

<표 1> 직종별 연구대상의 분포

	빈 도	(%)
교 사	29	(22.5)
회 사 원	56	(43.4)
공 무 원	34	(26.4)
비정규직	10	(7.8)
전 체	129	(100)

연구자가 직접 제작한 대학명성 및 학과인기도에 관한 일반인 인식 질문지를 사용하여 자료를 수집하였다. 대학의 명성 순위를 결정하기 위해 우수대학 35개 목록을 먼저 작성하였다. 중앙일보(2000)에서 발간한 '2000년 대학·학과 평가' 자료에 제시된 '종합평가 부문'과 '평판도 부문'의 자료를 기초로 상위 30위 학교를 선정하고, 중앙일보 대학평가에서 제외된 교육대학 및 특수대학을 포함시켜 상위 35위를 결정하였다. 응답자들은 35개 학교를 최상위권 대학, 상위권 대학, 중상위권 대학, 중위권 대학, 중하위권 대학의 5개 군으로 분류한 다음 각 분류군 내에서 다시 순위를 정하여 1위부터 35위까지 전체 대학 순위를 정하였다.

학과인기도를 결정하기 위해 전체 학과 및 학부를 30개로 분류하였다. 학과군에 대한 분류는 한국직업능력개발원의 학과분류 체제에 준하였으며, 각 학과군 내에서 특히 인기학과라고 예상되는 학과는 전문가와의 논의를 거쳐 별도로 제시하였다. 응답자들은 각 학과 및 학부에 대해 가장 인기 있는 학과, 인기 있는 학과, 약간 인기 있는 학과, 비인기학과로 구분하였다.

대학명성의 순위를 결정하기 위해 각 대학에 대해 연구대상들이 부여한 순위를 합산하고, 그 합의 값이 가장 작은 대학을 제1위 대학으로, 그 합이 가장 큰 대학의 순위를 제35위로 정하였다.

학과인기도 순위를 결정하기 위해 각 학과에 대해 연구대상들이 응답한 '최', '인', '중', '비'에 각각 4점, 3점, 2점, 1점의 인기도 점수를 부여하였다. 각 학과의 인기도 점수를 합산한 다음 그 점수의 합의 크기에 따라 순위를 정하고 가장 높은 인기도 점수를 받은 학과를 제1위 학과로 가장 낮은 인기도 점수를 받은 학과를 제30위 학과로 정하였다.

그 결과, 일반인들이 인식하고 있는 대학의 명성에 따른 순위는 '대학명성 순위 표'로 작성되었고 자료의 성격상 본 논문에서는 게재하지 않는다. 상위 10이내의 대학들의 순위는 비교적 명확한 차이를 보이고 있는 반면 평균 순위 20위 이하의 대학들은 그 차이들이 매우 근소한 것으로 나타나 대학의 지위나 명성이 떨어지는 학교들 사이에서는 일반인들의 인식이 학교별로 차이가 나는 것을 볼 수 있었다.

일반인들이 인식하고 있는 학과 / 학부의 인기도는 '학과인기도 순위 표'로 정리되었고, 이 역시 자료의 성격상 본 논문에 게재하지 않는다. 최상위 인기학과들과 비인기학과들은 비교적 뚜렷하게 구분되지만 중간에 위치하는 많은 학과들은 그 평균 점수의 간격도 매우 조밀하고 표준편차의 폭이 크게 나타났다.

③ 이 연구에서 사용한 타협유형화 및 유형 특성기술을 위한 질문지

대학생 진로의사결정 검사

본 검사는 한국 대학생들의 입학 당시 진로의사결정 과정과 입학 이후 적응과정을 조사하기 위해 개발되었습니다. 여러분이 응답한 결과는 대학생들의 진로의사결정 연구 및 진로상담 모형개발의 기초 자료로 사용될 것입니다. 여러분들의 응답내용은 모두 익명으로 처리될 것이며 이 연구의 목적 이외의 다른 목적으로 사용되지 않을 것임을 약속드립니다.

검사결과는 여러분이 원하시면 이메일로 보내드릴 수 있습니다. 결과를 받아보고 싶은 사람은 자신의 학번과 이메일 주소를 반드시 기록해주십시오.

다소 지루하더라도 끝까지 가능한 한 문항도 빠짐없이 응답해 주실 것을 부탁드립니다.

2001년 9월
서울대학교 사범대학 교육학과 황매향

<u>인적사항</u>

다음의 각 문항들은 대학생의 진로의사결정 과정과 밀접한 관계가 있는 기초정보에 관한 질문들입니다. 각 질문에 바로 응답하거나 해당란에 동그라미(○) 하시기 바랍니다.

학과(학부):   학번: 이메일 주소:

연령: 만 _____ 세   성별: (남, 여)

출신지역: (서울 및 수도권, 광역시, 중소도시, 기타)

현거주지: (서울 및 수도권, 광역시, 중소도시, 기타)

처음으로 대학에 입학한 연도: __________ 년

현재 대학에 입학한 연도: __________ 년

현재 학년: (1학년, 2학년, 3학년, 4학년 이상)

현재 다니고 있는 대학에 지원한 방법: (특차전형, 일반전형)

지금까지 대학입학 시험에 응시한 횟수: (1회, 재수, 삼수, 4회 이상)

지금 다니고 있는 대학(또는 학과) 이외의 다른 대학에 다닌 적이 있습니까? (예, 아니오)

다닌 적이 있다면: ______ 대학, ______ 과, ______ 학기 동안
            ______ 대학, ______ 과, ______ 학기 동안

재학 중인 대학 / 학과에 만족하십니까? (매우 만족, 만족, 불만족, 매우 불만족)

지난 학기 평균 학점은 어느 정도입니까? (4.0 이상, 3.5-3.9, 3.0-3.4, 2.5-2.9, 2.4 이하)

<u>나의 대학 및 학과 선택</u>

2001년 대학입학 원서를 제출했던 모든 대학 및 학과를 적고 합격여부를 표시하십시오. 그리고 각 문장을 잘 읽고 자신의 생각과 일치하는 곳에 ✓표로 답하시기 바랍니다.

1. 원서를 작성할 당시 가장 가고 싶었던 대학: _____ 대학 _____ 학과(학부)

우리 부모님은 내가 이 대학 이 학과에 합격하기를 가장 바라셨다.

① 매우 그렇다   ② 그렇다
③ 보통이다   ④ 아니다
⑤ 전혀 그렇지 않다

무엇보다 나의 적성과 소질을 고려할 때 가장 적합한 전공이었다.
① 매우 그렇다　　　　② 그렇다
③ 보통이다　　　　④ 아니다
⑤ 전혀 그렇지 않다

학과의 인기도에 관계없이 내가 좋아하고 마음에 드는 학과였다
① 매우 그렇다　　　　② 그렇다
③ 보통이다　　　　④ 아니다
⑤ 전혀 그렇지 않다

나에게 가장 잘 맞는 직업을 고려하여 원했던 전공이다
　① 매우 그렇다　　② 그렇다　　③ 보통이다　　④ 아니다
　⑤ 전혀 그렇지 않다

2. 「수시」응시 대학: ______ 대학 ______ 학과(학부) (합격, 불합격)

나는 이 대학 이 학과에 합격하기를 가장 원했다.
① 매우 그렇다　　　　② 그렇다
③ 보통이다　　　　④ 아니다
⑤ 전혀 그렇지 않다

우리 부모님은 내가 이 대학 이 학과에 합격하기를 가장 바라셨다.
① 매우 그렇다　　　　② 그렇다

③ 보통이다   ④ 아니다
⑤ 전혀 그렇지 않다

무엇보다 나의 적성과 소질을 고려할 때 가장 적합한 전공이
었다.
① 매우 그렇다   ② 그렇다
③ 보통이다   ④ 아니다
⑤ 전혀 그렇지 않다

학과의 인기도에 관계없이 내가 좋아하고 마음에 드는 학과를 선택
했다
① 매우 그렇다   ② 그렇다
③ 보통이다   ④ 아니다
⑤ 전혀 그렇지 않다

나에게 가장 잘 맞는 직업을 고려하여 선택했던 전공이다
① 매우 그렇다   ② 그렇다
③ 보통이다   ④ 아니다
⑤ 전혀 그렇지 않다

3. 「가」군 지원 대학: _______ 대학 _______ 학과(학부) (합격, 불
합격)

나는 이 대학 이 학과에 합격하기를 가장 원했다.
① 매우 그렇다   ② 그렇다
③ 보통이다   ④ 아니다

⑤ 전혀 그렇지 않다

우리 부모님은 내가 이 대학 이 학과에 합격하기를 가장 바라셨다.
① 매우 그렇다   ② 그렇다
③ 보통이다   ④ 아니다
⑤ 전혀 그렇지 않다

무엇보다 나의 적성과 소질을 고려할 때 가장 적합한 전공이었다.
① 매우 그렇다   ② 그렇다
③ 보통이다   ④ 아니다
⑤ 전혀 그렇지 않다

학과의 인기도에 관계없이 내가 좋아하고 마음에 드는 학과를 선택했다
① 매우 그렇다   ② 그렇다
③ 보통이다   ④ 아니다
⑤ 전혀 그렇지 않다

나에게 가장 잘 맞는 직업을 고려하여 선택했던 전공이다
① 매우 그렇다   ② 그렇다
③ 보통이다   ④ 아니다
⑤ 전혀 그렇지 않다

4. 「나」군 지원 대학: ______ 대학 ______ 학과(학부) (합격, 불
   합격)

나는 이 대학 이 학과에 합격하기를 가장 원했다.
① 매우 그렇다   ② 그렇다
③ 보통이다   ④ 아니다
⑤ 전혀 그렇지 않다

우리 부모님은 내가 이 대학 이 학과에 합격하기를 가장 바라
셨다.
① 매우 그렇다   ② 그렇다
③ 보통이다   ④ 아니다
⑤ 전혀 그렇지 않다

무엇보다 나의 적성과 소질을 고려할 때 가장 적합한 전공이
었다.
① 매우 그렇다   ② 그렇다
③ 보통이다   ④ 아니다
⑤ 전혀 그렇지 않다

학과의 인기도에 관계없이 내가 좋아하고 마음에 드는 학과를 선택
했다
① 매우 그렇다   ② 그렇다
③ 보통이다   ④ 아니다
⑤ 전혀 그렇지 않다

나에게 가장 잘 맞는 직업을 고려하여 선택했던 전공이다
① 매우 그렇다   ② 그렇다
③ 보통이다   ④ 아니다
⑤ 전혀 그렇지 않다

5. 「다」군 지원 대학: ______ 대학 ______ 학과(학부) (합격, 불합격)

나는 이 대학 이 학과에 합격하기를 가장 원했다.
① 매우 그렇다   ② 그렇다
③ 보통이다   ④ 아니다
⑤ 전혀 그렇지 않다

우리 부모님은 내가 이 대학 이 학과에 합격하기를 가장 바라셨다.
① 매우 그렇다   ② 그렇다
③ 보통이다   ④ 아니다
⑤ 전혀 그렇지 않다

무엇보다 나의 적성과 소질을 고려할 때 가장 적합한 전공이었다.
① 매우 그렇다   ② 그렇다
③ 보통이다   ④ 아니다
⑤ 전혀 그렇지 않다

학과의 인기도에 관계없이 내가 좋아하고 마음에 드는 학과를

선택했다

① 매우 그렇다 　　　　② 그렇다

③ 보통이다 　　　　④ 아니다

⑤ 전혀 그렇지 않다

나에게 가장 잘 맞는 직업을 고려하여 선택했던 전공이다

① 매우 그렇다 　　　　② 그렇다

③ 보통이다 　　　　④ 아니다

⑤ 전혀 그렇지 않다

6. 「라」군 지원 대학: ______ 대학 ______ 학과(학부) (합격, 불합격)

나는 이 대학 이 학과에 합격하기를 가장 원했다.

① 매우 그렇다 　　　　② 그렇다

③ 보통이다 　　　　④ 아니다

⑤ 전혀 그렇지 않다

우리 부모님은 내가 이 대학 이 학과에 합격하기를 가장 바라셨다.

① 매우 그렇다 　　　　② 그렇다

③ 보통이다 　　　　④ 아니다

⑤ 전혀 그렇지 않다

무엇보다 나의 적성과 소질을 고려할 때 가장 적합한 전공이었다.

① 매우 그렇다   ② 그렇다
③ 보통이다   ④ 아니다
⑤ 전혀 그렇지 않다

학과의 인기도에 관계없이 내가 좋아하고 마음에 드는 학과를
선택했다
① 매우 그렇다   ② 그렇다
③ 보통이다   ④ 아니다
⑤ 전혀 그렇지 않다

나에게 가장 잘 맞는 직업을 고려하여 선택했던 전공이다
① 매우 그렇다   ② 그렇다
③ 보통이다   ④ 아니다
⑤ 전혀 그렇지 않다

진로준비 행동

각 문항을 잘 읽고 자신에게 가장 적합하다고 생각되는 칸에 표시(∨)해 주시기 바랍니다.

	매우 그렇다	그렇다	아니다	전혀 아니다
1. 지난 몇 주 동안 친구들과 나의 적성 및 앞으로의 진로 등에 대해서 이야기를 나눈 적이 있다				
2. 지난 몇 중 동안 부모님과 나의 적성 및 앞으로의 진로 등에 대해서 이야기를 나눈 적이 있다				
3. 지난 몇 개월 동안 교수님과 나의 적성 및 앞으로의 진로 등에 대해서 이야기를 나눈 적이 있다				
4. 지난 몇 주 동안 내가 관심을 가지고 있는 진로와 관련된 책이나 팸플릿을 구입하거나 읽어보았다				
5. 지난 몇 주 동안 내가 관심을 가지고 있는 진로와 관련된 교육기관이나 훈련 프로그램 등에 대한 안내 책자나 팸플릿을 구입하거나 읽어보았다				
6. 지난 몇 개월 동안 내가 관심을 가지고 있는 진로와 관련된 기관을 직접 방문해 보았거나 방문 계획을 세운 적이 있다				
7. 지난 몇 개월 동안 내가 관심을 가지고 있는 진로와 관련된 TV프로그램, 전시회, 설명회 등을 본 적이 있다				
8. 지난 몇 개월 동안 내가 관심을 가지고 있는 진로와 관련된 전문가들과 이야기를 나눈 적이 있다				

	매우 그렇다	그렇다	아니다	전혀 아니다
9. 지난 몇 개월 동안 나는 내가 관심을 가지고 있는 진로분야에 있는 사람들과 이야기를 나눈 적이 있다				
10. 지난 몇 개월 동안 진로문제를 상담하기 위해 학생생활연구소나 그 밖의 상담기관을 방문한 경험이 있다				
11. 지난 몇 개월 동안 나의 적성과 흥미, 성격 등을 정확히 알아보기 위해 검사를 받아본 적이 있다				
12. 앞으로의 직업(진학)에 입문하기 위해 필요한 교재, 참고서적, 기타 필요한 기자재를 구입하였다				
13. 앞으로의 직업(진학)에 입문하기 위해 필요한 교재, 참고서적, 기타 필요한 기자재를 가지고 진로를 준비하고 있다				
14. 앞으로의 직업(진학)에 입문하기 위해 학원을 다니고 있다				
15. 내가 설정한 진로목표(취업 혹은 진학)를 달성하기 위해 수행한 일들을 항상 체크하고 있다				
16. 지난 6개월간 진로를 위해 다양한 책을 읽고 있다				
17. 지난 6개월간 앞으로의 진로와 관련된 전공공부를 했다				
18. 지난 6개월간 진로를 위해 학점을 잘 받기 위해 노력했다				
19. 지난 6개월간 진로를 위해 다양한 경험을 쌓았다				
20. 지난 6개월간 혼자서 영어공부를 한 적이 있다				

<u>학과만족도</u>

 각 문항을 잘 읽고 자신에게 가장 적합하다고 생각되는 칸에 표시(∨)해 주시기 바랍니다.

	전혀 그렇지 않다	그렇지 않다	보통	다소 그렇다	아주 그렇다
1. 우리 학과(학부)의 교과내용에 흥미를 느낀다.					
2. 우리 학과(학부)의 교육내용은 전반적으로 잘 조직되어있다.					
3. 우리 학과(학부) 교수님들은 뚜렷한 목표를 가지고 가르치고 알기 쉽게 설명한다.					
4. 우리 학과(학부) 교수님들은 전공분야에 대해 깊은 지식을 가지고 있다.					
5. 전공도서는 배울 만한 가치가 있다.					
6. 전공시험은 적절한 양으로 주어지고 공부에 도움이 된다.					
7. 전공공부를 심화할 수 있는 기회가 적절히 주어진다.					
8. 우리 학과(학부)에서 배우는 전공과목들이 나와 잘 맞다.					
9. 원한다면 언제나 교수님과 만날 수 있다.					
10. 공부하는 방법이나 내용에 대해 교수님의 조언을 들을 수 있다.					
11. 졸업 후 진로에 대한 지도가 잘 이루어지고 있다.					

	전혀 그렇지 않다	그렇지 않다	보통	다소 그렇다	아주 그렇다
12. 교수-학생 간의 의사소통이 원활하게 이루어진다.					
13. 나는 우리 학과(학부)에서 무언가 가치 있는 것을 배우고 있다고 느낀다.					
14. 우리 학과(학부)에 대해서 만족한다.					
15. 우리 학과(학부)는 인기학과이다.					
16. 우리 부모님은 우리 학과(학부)를 좋은 학과라고 생각하신다.					
17. 우리 학과를 졸업했다는 배경이 사회생활에 유리할 것이다.					
18. 내가 만일 대학평가를 하는 사람이라면 우리 학교를 우수한 대학으로 선정할 것이다.					
19. 나는 이 대학에 다니고 있다는 사실이 부끄럽다.					
20. 우리 부모님은 내가 다니는 학교를 떳떳하게 생각 할 것이다.					
21. 우리 학교는 좋은 학교라고 생각한다.					
22. 나는 내가 속한 학과(학부)를 사람들에게 자랑스럽게 말한다.					
23. 우리 학과(학부)는 내가 다닐 만한 학과(학부)이다.					
24. 많은 사람이 내가 속한 학과(학부)에 오고 싶어할 것이다.					
25. 우리 학과(학부)는 졸업 후의 진로에 도움이 된다.					
26. 우리 학교는 내가 다닐 만한 학교이다.					
27. 후배에게 우리 학교를 추천하고 싶다.					

	전혀 그렇지 않다	그렇지 않다	보통	다소 그렇다	아주 그렇다
28. 우리 학교를 졸업하고 나면 학교 득을 볼 것 같다.					
29. 졸업 후 우리 학교 우리 학과 대학원을 진학할 계획이다.					
30. 졸업 후 우리 학교 다른 학과 대학원을 진학할 계획이다.					
31. 졸업 후 다른 학교 우리 학과 대학원을 진학할 계획이다.					
32. 졸업 후 다른 학교 다른 학과 대학원을 진학할 계획이다.					
33. 졸업 후 내가 속한 학과와 관련된 직업을 가질 생각이다.					
34. 내가 속한 학과와 관련 없는 고시나 취업을 계획하고 있다.					
35. 현재 재학 중인 대학/학과 이외의 다른 대학/학과로 옮기고 싶다.					
36. 대학입학시험에 재응시하고 싶다.					
37. 현재 학과에서 다른 학과로 전과할 계획을 가지고 있다.					
38. 향후 다른 학교로 편입할 계획을 가지고 있다.					

끝까지 응답해 주셔서 대단히 감사합니다. 이 연구 또는 검사지에 대해서 의문점이 있으신 분들은 아래 연락처로 질문을 보내주시면 답변해 드리겠습니다.

서울시 관악구 신림동 서울대학교 사범대학 교육학과 황매향 또는 hwangmh0412@hanmail.net

④ 사후검증결과

최종결정 타협전략별 학과만족도

		평균의 차이	표준오차	유의도
희망 대 합격	1개 대 합격	13.46	3.33	0.01
	명성인기 추구	7.70	6.21	0.96
	명성추구(단일학과)	13.32	2.76	0.00
	명성추구	13.38	2.61	0.00
	인기추구	17.63	4.55	0.02
	미분류	15.26	4.73	0.11
1개 대 합격	희망 대 합격	-13.46	3.33	0.01
	명성인기 추구	-5.76	6.63	0.99
	명성추구(단일학과)	-0.13	3.61	1.00
	명성추구	-0.07	3.50	1.00
	인기추구	4.18	5.11	1.00
	미분류	1.80	5.27	1.00
명성인기 추구	희망 대 합격	-7.70	6.21	0.96
	1개 대 합격	5.76	6.63	0.99
	명성추구(단일학과)	5.62	6.37	0.99
	명성추구	5.68	6.30	0.99
	인기추구	9.93	7.32	0.93
	미분류	7.56	7.43	0.98
명성추구(단일학과)	희망 대 합격	-13.32	2.76	0.00
	1개 대 합격	0.13	3.61	1.00
	명성인기 추구	-5.62	6.37	0.99
	명성추구	0.06	2.96	1.00
	인기추구	4.31	4.76	0.99
	미분류	1.94	4.93	1.00
명성추구	희망 대 합격	-13.38	2.61	0.00
	1개 대 합격	0.07	3.50	1.00
	명성인기 추구	-5.68	6.30	0.99

		평균의 차이	표준오차	유의도
	명성추구(단일학과)	-0.06	2.96	1.00
	인기추구	4.25	4.67	0.99
	미분류	1.88	4.84	1.00
인기추구	희망 대 합격	-17.63	4.55	0.02
	1개 대 합격	-4.18	5.11	1.00
	명성인기 추구	-9.93	7.32	0.93
	명성추구(단일학과)	-4.31	4.76	0.99
	명성추구	-4.25	4.67	0.99
	미분류	-2.37	6.11	1.00
미분류	희망 대 합격	-15.26	4.73	0.11
	1개 대 합격	-1.80	5.27	1.00
	명성인기 추구	-7.56	7.43	0.98
	명성추구(단일학과)	-1.94	4.93	1.00
	명성추구	-1.88	4.84	1.00
	인기추구	2.37	6.11	1.00

225

최종결정 타협전략별 진로준비 행동

		평균의 차이	표준오차	유의도
희망 대 합격	1개 대 합격	-7.90	1.28	0.00
	명성인기 추구	-4.64	2.38	0.71
	명성추구(단일학과)	-5.04	1.06	0.00
	명성추구	-6.29	1.00	0.00
	인기추구	-4.81	1.75	0.28
	미분류	-5.34	1.81	0.20
1개 대 합격	희망 대 합격	7.90	1.28	0.00
	명성인기 추구	3.26	2.54	0.95
	명성추구(단일학과)	2.85	1.38	0.64
	명성추구	1.61	1.34	0.96
	인기추구	3.09	1.96	0.87
	미분류	2.56	2.02	0.95

		평균의 차이	표준오차	유의도
명성인기 추구	희망 대 합격	4.64	2.38	0.71
	1개 대 합격	-3.26	2.54	0.95
	명성추구(단일학과)	-0.40	2.44	1.00
	명성추구	-1.65	2.42	1.00
	인기추구	-0.17	2.81	1.00
	미분류	-0.70	2.85	1.00
명성추구(단일학과)	희망 대 합격	5.04	1.06	0.00
	1개 대 합격	-2.85	1.38	0.64
	명성인기 추구	0.40	2.44	1.00
	명성추구	-1.24	1.13	0.98
	인기추구	0.24	1.83	1.00
	미분류	-0.29	1.89	1.00
명성추구	희망 대 합격	6.29	1.00	0.00
	1개 대 합격	-1.61	1.34	0.96
	명성인기 추구	1.65	2.42	1.00
	명성추구(단일학과)	1.24	1.13	0.98
	인기추구	1.48	1.79	1.00
	미분류	0.95	1.86	1.00
인기추구	희망 대 합격	4.81	1.75	0.28
	1개 대 합격	-3.09	1.96	0.87
	명성인기 추구	0.17	2.81	1.00
	명성추구(단일학과)	-0.24	1.83	1.00
	명성추구	-1.48	1.79	1.00
	미분류	-0.53	2.35	1.00
미분류	희망 대 합격	5.34	1.81	0.20
	1개 대 합격	-2.56	2.02	0.95
	명성인기 추구	0.70	2.85	1.00
	명성추구(단일학과)	0.29	1.89	1.00
	명성추구	-0.95	1.86	1.00
	인기추구	0.53	2.35	1.00

최종결정 타협전략별 진로변경 의사

		평균의 차이	표준오차	유의도
희망 대 합격	1개 대 합격	-3.04	0.66	0.00
	명성인기 추구	-2.51	1.23	0.65
	명성추구(단일학과)	-1.73	0.55	0.13
	명성추구	-2.40	0.52	0.00
	인기추구	-2.01	0.90	0.55
	미분류	-1.53	0.94	0.85
1개 대 합격	희망 대 합격	3.04	0.66	0.00
	명성인기 추구	0.53	1.31	1.00
	명성추구(단일학과)	1.31	0.71	0.76
	명성추구	0.64	0.69	0.99
	인기추구	1.03	1.01	0.98
	미분류	1.51	1.04	0.91
명성인기 추구	희망 대 합격	2.51	1.23	0.65
	1개 대 합격	-0.53	1.31	1.00
	명성추구(단일학과)	0.79	1.26	1.00
	명성추구	0.11	1.25	1.00
	인기추구	0.50	1.45	1.00
	미분류	0.98	1.47	1.00
명성추구(단일학과)	희망 대 합격	1.73	0.55	0.13
	1개 대 합격	-1.31	0.71	0.76
	명성인기 추구	-0.79	1.26	1.00
	명성추구	-0.67	0.59	0.97
	인기추구	-0.29	0.94	1.00
	미분류	0.20	0.98	1.00
명성추구	희망 대 합격	2.40	0.52	0.00
	1개 대 합격	-0.64	0.69	0.99
	명성인기 추구	-0.11	1.25	1.00
	명성추구(단일학과)	0.67	0.59	0.97
	인기추구	0.39	0.93	1.00

		평균의 차이	표준오차	유의도
	미분류	0.87	0.96	0.99
인기추구	희망 대 합격	2.01	0.90	0.55
	1개 대 합격	-1.03	1.01	0.98
	명성인기 추구	-0.50	1.45	1.00
	명성추구(단일학과)	0.29	0.94	1.00
	명성추구	-0.39	0.93	1.00
	미분류	0.48	1.21	1.00
미분류	희망 대 합격	1.53	0.94	0.85
	1개 대 합격	-1.51	1.04	0.91
	명성인기 추구	-0.98	1.47	1.00
	명성추구(단일학과)	-0.20	0.98	1.00
	명성추구	-0.87	0.96	0.99
	인기추구	-0.48	1.21	1.00

타협유형별 학과만족도

		평균의 차이	표준오차	유의도
무타협	대학명성 추구	12.89	3.09	0.02
	학과인기도 추구	10.43	3.57	0.29
	적성추구	12.78	2.59	0.00
	적성타협	10.74	4.01	0.41
	학과인기도 타협	9.35	3.04	0.23
	대학명성 타협	9.92	1.87	0.00
	전체타협	21.58	4.15	0.00
대학명성 추구	무타협	-12.89	3.09	0.02
	학과인기도 추구	-2.47	4.45	1.00
	적성추구	-0.11	3.70	1.00
	적성타협	-2.15	4.80	1.00
	학과인기도 타협	-3.55	4.03	1.00
	대학명성 타협	-2.98	3.24	1.00
	전체타협	8.68	4.92	0.87

		평균의 차이	표준오차	유의도
학과인기도 추구	무타협	-10.43	3.57	0.29
	대학명성 추구	2.47	4.45	1.00
	적성추구	2.35	4.12	1.00
	적성타협	0.32	5.12	1.00
	학과인기도 타협	-1.08	4.41	1.00
	대학명성 타협	-0.51	3.70	1.00
	전체타협	11.15	5.23	0.72
적성추구	무타협	-12.78	2.59	0.00
	대학명성 추구	0.11	3.70	1.00
	학과인기도 추구	-2.35	4.12	1.00
	적성타협	-2.04	4.50	1.00
	학과인기도 타협	-3.43	3.66	1.00
	대학명성 타협	-2.86	2.77	0.99
	전체타협	8.80	4.62	0.82
적성타협	무타협	-10.74	4.01	0.41
	대학명성 추구	2.15	4.80	1.00
	학과인기도 추구	-0.32	5.12	1.00
	적성추구	2.04	4.50	1.00
	학과인기도 타협	-1.40	4.77	1.00
	대학명성 타협	-0.82	4.12	1.00
	전체타협	10.83	5.54	0.80
학과인기도 타협	무타협	-9.35	3.04	0.23
	대학명성 추구	3.55	4.03	1.00
	학과인기도 추구	1.08	4.41	1.00
	적성추구	3.43	3.66	1.00
	적성타협	1.40	4.77	1.00
	대학명성 타협	0.57	3.19	1.00
	전체타협	12.23	4.89	0.51
대학명성 타협	무타협	-9.92	1.87	0.00
	대학명성 추구	2.98	3.24	1.00

		평균의 차이	표준오차	유의도
	학과인기도 추구	0.51	3.70	1.00
	적성추구	2.86	2.77	0.99
	적성타협	0.82	4.12	1.00
	학과인기도 타협	-0.57	3.19	1.00
	전체타협	11.66	4.26	0.38
전체타협	무타협	-21.58	4.15	0.00
	대학명성 추구	-8.68	4.92	0.87
	학과인기도 추구	-11.15	5.23	0.72
	적성추구	-8.80	4.62	0.82
	적성타협	-10.83	5.54	0.80
	학과인기도 타협	-12.23	4.89	0.51
	대학명성 타협	-11.66	4.26	0.38

타협유형별 진로준비 행동

		평균의 차이	표준오차	유의도
무타협	대학명성 추구	-0.26	1.71	1.00
	학과인기도 추구	1.98	1.98	1.00
	적성추구	0.65	1.44	1.00
	적성타협	3.98	2.22	0.86
	학과인기도 타협	-1.32	1.68	1.00
	대학명성 타협	0.11	1.04	1.00
	전체타협	2.16	2.30	1.00
대학명성 추구	무타협	0.26	1.71	1.00
	학과인기도 추구	2.24	2.46	1.00
	적성추구	0.91	2.05	1.00
	적성타협	4.25	2.66	0.92
	학과인기도 타협	-1.06	2.23	1.00
	대학명성 타협	0.37	1.79	1.00
	전체타협	2.42	2.72	1.00

		평균의 차이	표준오차	유의도
학과인기도 추구	무타협	-1.98	1.98	1.00
	대학명성 추구	-2.24	2.46	1.00
	적성추구	-1.33	2.28	1.00
	적성타협	2.01	2.84	1.00
	학과인기도 타협	-3.30	2.44	0.97
	대학명성 타협	-1.87	2.05	1.00
	전체타협	0.18	2.90	1.00
적성추구	무타협	-0.65	1.44	1.00
	대학명성 추구	-0.91	2.05	1.00
	학과인기도 추구	1.33	2.28	1.00
	적성타협	3.34	2.49	0.97
	학과인기도 타협	-1.97	2.03	1.00
	대학명성 타협	-0.54	1.53	1.00
	전체타협	1.51	2.56	1.00
적성타협	무타협	-3.98	2.22	0.86
	대학명성 추구	-4.25	2.66	0.92
	학과인기도 추구	-2.01	2.84	1.00
	적성추구	-3.34	2.49	0.97
	학과인기도 타협	-5.31	2.64	0.77
	대학명성 타협	-3.88	2.28	0.90
	전체타협	-1.82	3.07	1.00
학과인기도 타협	무타협	1.32	1.68	1.00
	대학명성 추구	1.06	2.23	1.00
	학과인기도 추구	3.30	2.44	0.97
	적성추구	1.97	2.03	1.00
	적성타협	5.31	2.64	0.77
	대학명성 타협	1.43	1.77	1.00
	전체타협	3.48	2.70	0.98
대학명성 타협	무타협	-0.11	1.04	1.00
	대학명성 추구	-0.37	1.79	1.00
	학과인기도 추구	1.87	2.05	1.00

		평균의 차이	표준오차	유의도
	적성추구	0.54	1.53	1.00
	적성타협	3.88	2.28	0.90
	학과인기도 타협	-1.43	1.77	1.00
	전체타협	2.05	2.36	1.00
전체타협	무타협	-2.16	2.30	1.00
	대학명성 추구	-2.42	2.72	1.00
	학과인기도 추구	-0.18	2.90	1.00
	적성추구	-1.51	2.56	1.00
	적성타협	1.82	3.07	1.00
	학과인기도 타협	-3.48	2.70	0.98
	대학명성 타협	-2.05	2.36	1.00

타협유형별 진로변경 의사

		평균의 차이	표준오차	유의도
무타협	대학명성 추구	-5.34	1.19	0.01
	학과인기도 추구	-6.74	1.37	0.00
	적성추구	-5.94	0.99	0.00
	적성타협	-4.51	1.54	0.29
	학과인기도 타협	-4.13	1.17	0.09
	대학명성 타협	-3.78	0.72	0.00
	전체타협	-8.23	1.59	0.00
대학명성 추구	무타협	5.34	1.19	0.01
	학과인기도 추구	-1.40	1.71	1.00
	적성추구	-0.60	1.42	1.00
	적성타협	0.84	1.84	1.00
	학과인기도 타협	1.21	1.55	1.00
	대학명성 타협	1.57	1.24	0.98
	전체타협	-2.89	1.89	0.94
학과인기도 추구	무타협	6.74	1.37	0.00
	대학명성 추구	1.40	1.71	1.00

		평균의 차이	표준오차	유의도
	적성추구	0.80	1.58	1.00
	적성타협	2.24	1.97	0.99
	학과인기도 타협	2.61	1.69	0.94
	대학명성 타협	2.97	1.42	0.74
	전체타협	-1.49	2.01	1.00
적성추구	무타협	5.94	0.99	0.00
	대학명성 추구	0.60	1.42	1.00
	학과인기도 추구	-0.80	1.58	1.00
	적성타협	1.44	1.73	1.00
	학과인기도 타협	1.81	1.40	0.98
	대학명성 타협	2.17	1.06	0.76
	전체타협	-2.29	1.77	0.98
적성타협	무타협	4.51	1.54	0.29
	대학명성 추구	-0.84	1.84	1.00
	학과인기도 추구	-2.24	1.97	0.99
	적성추구	-1.44	1.73	1.00
	학과인기도 타협	0.37	1.83	1.00
	대학명성 타협	0.73	1.58	1.00
	전체타협	-3.73	2.13	0.88
학과인기도 타협	무타협	4.13	1.17	0.09
	대학명성 추구	-1.21	1.55	1.00
	학과인기도 추구	-2.61	1.69	0.94
	적성추구	-1.81	1.40	0.98
	적성타협	-0.37	1.83	1.00
	대학명성 타협	0.36	1.22	1.00
	전체타협	-4.10	1.87	0.69
대학명성 타협	무타협	3.78	0.72	0.00
	대학명성 추구	-1.57	1.24	0.98
	학과인기도 추구	-2.97	1.42	0.74
	적성추구	-2.17	1.06	0.76

		평균의 차이	표준오차	유의도
	적성타협	-0.73	1.58	1.00
	학과인기도 타협	-0.36	1.22	1.00
	전체타협	-4.45	1.63	0.39
전체타협	무타협	8.23	1.59	0.00
	대학명성 추구	2.89	1.89	0.94
	학과인기도 추구	1.49	2.01	1.00
	적성추구	2.29	1.77	0.98
	적성타협	3.73	2.13	0.88
	학과인기도 타협	4.10	1.87	0.69
	대학명성 타협	4.45	1.63	0.39

황 매 향

서울대학교 약학대학 약학과와 사범대학 교육학과를 졸업하고, 동 대학원 교육학과에서 교육상담으로 석사학위와 박사학위를 취득하였다. 현재 경인교육대학교 교육학과 조교수로 재직 중이며, 주요저서로는 "청소년 발달문제와 상담", "청소년 학업상담", "상담과 심리검사", "진로탐색과 생애설계", "사례로 배우는 진로 및 직업상담" 등이 있다.

진로의사결정에서 나타나는 타협과정

- 초판 인쇄　2007년 10월 15일
- 초판 발행　2007년 10월 15일

- 지 은 이　황매향
- 펴 낸 이　채종준
- 펴 낸 곳　한국학술정보㈜
　　　　　경기도 파주시 교하읍 문발리 526-2
　　　　　파주출판문화정보산업단지
　　　　　전화　031) 908-3181(대표) · 팩스　031) 908-3189
　　　　　홈페이지　http://www.kstudy.com
　　　　　e-mail(출판사업팀사업부)　publish@kstudy.com
- 등　　록　제일산-115호(2000. 6. 19)
- 가　　격　25,000원

ISBN　　978-89-534-7663-9 93370 (Paper Book)
　　　　978-89-534-7664-6 98370 (e-Book)